现代化新征程丛书

隆国强　总主编

SERVICE-ORIENTED MANUFACTURING

IMPETUS IN THE DEVELOPMENT OF MODERN INDUSTRIAL SYSTEM

服务型制造

助力建设现代化产业体系

服务型制造研究院　著

中国发展出版社
CHINA DEVELOPMENT PRESS

图书在版编目（CIP）数据

服务型制造：助力建设现代化产业体系 / 服务型制造研究院著. — 北京：中国发展出版社，2023.2

ISBN 978-7-5177-1348-7

Ⅰ. ①服… Ⅱ. ①服… Ⅲ. ①制造工业—工业发展—研究—中国 Ⅳ. ①F426.4

中国版本图书馆CIP数据核字（2022）第254396号

书　　名：服务型制造：助力建设现代化产业体系
著作责任者：服务型制造研究院
责 任 编 辑：葛　伟　梁婧怡
出 版 发 行：中国发展出版社
联 系 地 址：北京经济技术开发区荣华中路22号亦城财富中心1号楼8层（100176）
标 准 书 号：ISBN 978-7-5177-1348-7
经　销　者：各地新华书店
印　刷　者：北京博海升彩色印刷有限公司
开　　本：710mm × 1000mm　1/16
印　　张：14
字　　数：180千字
版　　次：2023年2月第1版
印　　次：2023年2月第1次印刷
定　　价：78.00元

联 系 电 话：（010）68990535　82097226
购 书 热 线：（010）68990682　68990686
网 络 订 购：http://zgfzcbs. tmall. com
网 购 电 话：（010）68990639　88333349
本 社 网 址：http://www.develpress. com
电 子 邮 件：271799043@qq.com

“现代化新征程丛书”

编委会

丛书联合编制单位

国务院发展研究中心企业研究所

国研智库

中国国际工程咨询有限公司

工业和信息化部电子第五研究所（服务型制造研究院）

中国社会科学院工业经济研究所

机械工业经济管理研究院

航天云网科技发展有限责任公司

苏州大学北京研究院

浙江工业大学

阿里研究院

之江智慧场景研究中心

《服务型制造：助力建设现代化产业体系》

编委会

主编

匡佩远　刘尚文

副主编

罗仲伟　关　昊

编委

于天宇　朱　丹　王嘉新　李海明　林甲嵘　崔雪琪

刘树龙　王　强　张亚豪　刘园园　谢　雪　谢　宽

田昊江　马庙晗

总　序

党的二十大报告提出："从现在起，中国共产党的中心任务就是团结带领全国各族人民全面建成社会主义现代化强国、实现第二个百年奋斗目标，以中国式现代化全面推进中华民族伟大复兴。"当前，世界之变、时代之变、历史之变正以前所未有的方式展开，充满新的历史机遇和挑战，全球发展的不确定性不稳定性更加突出，全方位的国际竞争更加激烈。面对百年未有之大变局，我们坚持把发展作为党执政兴国的第一要务，把高质量发展作为全面建设社会主义现代化国家的首要任务，完整、准确、全面贯彻新发展理念，坚持社会主义市场经济改革方向，坚持高水平对外开放，加快构建以国内大循环为主体、国内国际双循环相互促进的新发展格局，不断以中国的新发展为世界提供新机遇。

习近平总书记指出，今天，我们比历史上任何时期都更接近、更有信心和能力实现中华民族伟大复兴的目标。中华民族已完成全面建成小康社会的千年夙愿，开创了中国式现代化新道路，为实现中华民族伟大复兴提供了坚实的物质基础。现代化新征程就是要实现国家富强、民族振兴、人民幸福的宏伟目标。在党的二十大号召下，全国人民坚定信心，同心同德、埋头苦干、奋勇前进，为全面建设社会主义现代化国家，实现第二个百年奋斗目标，全面推进中华民族伟大复兴而团结奋斗。

走好现代化新征程，是站在新的历史方位，推进实现中华民族伟大复兴。党的十八大以来，中国特色社会主义进入新时代，这是我国发展新的历史方位。从宏观层面来看，走好现代化新征程，需要站在新的历史方位，在客观认识、准确把握当前党和人民事业所处的发展阶段基础上，主动适应大国经济阶梯式递进、螺旋式上升和经济高质量发展要求，不断推动我国社会主义从初级阶段向更高阶段迈进。从中观层面来看，走好现代化新征程，需要站在新的历史方位，明晰我国参与国际竞合比较优势的变化，通过深化供给侧结构性改革，对内解决好发展不平衡不充分问题，对外化解外部环境新矛盾新挑战，形成对全球要素资源的强大吸引力、在激烈国际竞争中的强大竞争力、在全球资源配置中的强大推动力，在高水平自立自强基础上塑造参与国际竞合新优势的战略部署。从微观层面来看，走好现代化新征程，需要站在新的历史方位，坚持系统观念和辩证思维，坚持两点论和重点论相统一，以“把握主动权、下好先手棋”的思路，充分依托我国超大规模市场优势，培育和挖掘内需市场，推动产业结构优化和转型升级，提升产业链供应链韧性，增强国家的生存力、竞争力、发展力、持续力，确保中华民族伟大复兴进程不迟滞、不中断。

走好现代化新征程，要把各国现代化的共同特征和我国国情相结合。实现现代化是世界各国人民的共同追求。随着经济社会的发展，人们越来越清醒地认识到，现代化虽起源于西方，但各国的现代化道路不尽相同，世界上没有放之四海而皆准的现代化模式。因此，走好现代化新征程，要把各国现代化的共同特征和我国具体国情相结合。我们要坚持胸怀天下，拓展世界眼光，深刻洞察人类发展进步潮流，以海纳百川的宽阔胸襟借鉴吸收人类一切优秀文明成果。坚持从中国实际出发，不断推进和拓展中国式现代化。党的二十大报告系统阐述了中国式现代化的五大特征，即中国式现代化是人口规模巨大的现代化，是全体人民共同富裕的现代化，是物质文明和精神文明相协调的现代化，是人与自然和谐共生的现代化，是走和平发展道路的现代化。中国式现代化的五大特征，反映出我们的现代化新征程是基于大国经济，按照中国特色社会主义制度的本质要求，实现长期全面、绿色可持续、和平共赢的现代化。此外，党的二十大报告提出了中国式现代化的九方面本质要求，即坚持中国共产党领导，坚持中国特色社会主义，实现高质量发展，发展全过程人民民主，丰富人民精神世界，实现全体人民共同富裕，促进人与自然和谐共生，推动构建人类命运共同体，创造人类文明新形态。这既是我们走好现代化新征程的实践要求，也为我们指明了走好现代化新征程的领导力量、实践路径和目标责任，为我们准确把握中国式现代化核心要义，推动各方面工作向着复兴目标迈进提供了根本遵循。

走好现代化新征程，需要完整、准确、全面贯彻新发展理念，着力推动高质量发展，加快构建新发展格局。党的二十大报告提出，“我国发展进入战略机遇和风险挑战并存、不确定难预料因素增多的时期”。当前及今后一段时间，我国将面临“新的动荡变革”的国际大环境。新发展理念瞄准我国经济社会发展不同方面存在的突出矛盾，为筑牢经济社会发展根基提供了方向指引。要完整、准确、全面贯彻新发展理念，让创新成为第一动力、协调成为内生特点、绿色成为普遍形态、开放成为必由之路、共享成为根本目的，努力实现高质量发展。要统筹国际国内两个大局，统筹发展与安全两件大事，增强国内大循环内生动力和可靠性，提升国际循环质量和水平，增强国内国际两个市场两种资源联动效应，加快构建以国内大循环为主体、国内国际双循环相互促进的新发展格局。

走好现代化新征程，必须全面深化改革开放。改革开放为我国经济社会发展注入了强劲动力，是决定当代中国命运的关键一招。改革开放以来，我国经济社会发展水平不断提升，人民群众的生活质量不断改善，经济发展深度融入全球化体系，创造了举世瞩目的伟大成就。推进中国式现代化，必须坚持深化改革开放。党的二十大报告提出，要“深入推进改革创新”，“着力破解深层次体制机制障碍”，彰显了在现代化新征程上党和国家对全面深化改革的决心。党的十八大以来，我国进入全面深化改革阶段，改革征程上面临的多是难啃的硬骨头、棘手复杂的问题，在将经济社会发展推向新高度的同时，一系列新的时代命题应运而生。走好现代化新征程，需要全面深化改革，大力推进供给侧结构性改革，进一步优化我国经济结构，不断激发市场活力，提升经济发展的韧性、抵御外部风险的能力。对外开放是我国的基本国策，走好现代化新征程，要坚定不移扩大对外开放，提升贸易投资合作质量和水平，稳步扩大规则、规制、管理、标准等制度型开放，营造市场化、法治化、国际化一流营商环境，大力吸引全球资源要素，增强国内国际联动效应，加快构建新发展格局，以高水平开放促进高质量发展。

知之愈明，则行之愈笃。走在现代化新征程上，我们出版“现代化新征程丛书”，是为了让社会各界更好地把握当下发展机遇、面向未来开创新篇，以奋斗姿态、实干业绩助力中国式现代化开创新篇章。具体来说，主要有三个方面的考虑。

一是学习贯彻落实好党的二十大精神，为推进中国式现代化凝聚共识。党的二十大报告阐述了开辟马克思主义中国化时代化新境界、中国式现代化的中国特色和本质要求等重大问题，擘画了全面建成社会主义现代化强国的宏伟蓝图和实践路径，就未来5年党和国家事业发展制定了大政方针、作出了全面部署，是中国共产党团结带领全国各族人民夺取新时代中国特色社会主义新胜利的政治宣言和行动纲领。此套丛书，以习近平新时代中国特色社会主义思想为指导，认真对照党的二十大报告，从报告原文中找指导、从会议精神中找动力，用行动践行学习宣传贯彻党的二十大精神。

二是交流高质量发展的成功实践，为推进中国式现代化汇聚众智。来自12家智库的专家参与本套丛书的编写。本套丛书立足中国式现代化的时代特征和发展要求，直面各个地区、各个部门面对的新情况、新问题，总结借鉴国际国内现代化建设的成功经验，系统地构建了前沿产业、商业环境、发展空间、基础设施“四位一体”的发展思路。丛书内容注重实用性、可操作性，努力打造成为地方政府和企业管理层看得懂、学得会、用得了的使用指南。

三是探索未来发展新领域新赛道，为推进中国式现代化注入新动能。面对百年未有之大变局，数字化转型与绿色化转型加速推进，为我国发展带来新的战略机遇。本套丛书面向未来，深入探索未来发展新领域新赛道，系统分析前沿产业发展的新潜力，为我国发展前沿产业提供新借鉴，为推进中国式现代化注入新动能。

“现代化新征程丛书”主要面向党员领导干部、企事业单位管理层和专业研究人员等读者群体，致力于丰富读者知识素养，拓宽其眼界格局，提升其执政能力、研究能力和实践能力。在丛书编制过程中，重点坚持以下三个原则：一是坚持政治性，把坚持正确的政治方向摆在首位，坚持以党的二十大精神为行动指南，确保相关政策文件、编选编排、相关概念的准确；二是坚持前沿性，丛书选题充分体现鲜明的时代特征，面向未来发展重点领域，内容充分展现现代化新征程的新机遇、新要求、新举措；三是坚持实用性，丛书编制注重理论与实践的结合，特别是用新的理论要求指导新的实践，内容突出针对性、示范性和可操作性。

“现代化新征程丛书”按照“四位一体”架构进行设计，第一期包含十余种图书，主要涵盖四个方面：前沿产业、商业环境、发展空间、基础设施。其中，“前沿产业”主题有“未来产业”“新金融”“服务型制造”“氢能产业”“元宇宙”“扎根实体经济”“制造新模式”；“商业环境”主题有“优化营商环境”；“发展空间”主题有“未来社区”“新型工业化基地”“先进制造业集群”；“基础设施”主题有“新基建”；此外，丛书编委会根据前期调研，撰写了“高质量发展典型案例”。

相知无远近，万里尚为邻。我们希望通过此套丛书，加强智库与智库、智库与传播之间协作，促进智库研究机构与智库传播机构的高水平联动，构建智库型出版产业体系和生态系统，实现“智库引领、出版引路、路径引导”，共同助力高质量发展，为全面建成社会主义现代化强国、实现第二个百年奋斗目标作出积极贡献！

隆国强

国务院发展研究中心副主任、党组成员

2023 年 1 月

序一

服务型制造：以产业融合构筑制造业高质量发展之路

服务型制造是制造与服务融合发展形成的新型制造模式和产业形态，代表着先进制造业和现代服务业深度融合的方向。随着新一代信息技术不断进步和应用拓展，服务业与制造业之间的边界日益模糊，服务型制造新模式新业态不断创新涌现。我国是世界制造业第一大国，也是产业门类最齐全、产业配套体系最完善的国家，制造业的场景和产品种类非常丰富，发展服务型制造具有广阔的空间。

党的二十大报告提出：高质量发展是全面建设社会主义现代化国家的首要任务；加快建设现代化经济体系，着力提高全要素生产率，着力提升产业链供应链韧性和安全水平；构建优质高效的服务业新体系，推动现代服务业同先进制造业、现代农业深度融合。服务型制造作为制造与服务融合发展的新型产业生产方式和产业形态，是制造业发展的方向，具有巨大发展潜力。发展服务型制造有利于提升制造业创新能力、生产效率和全球价值链分工地位，推进制造业高质量发展，是构建现代化产业体系的重要内容，也是制造强国战略的重要支撑。而且，当前我国经济增长还面临着供给冲击、需求收缩、预期转弱的三重压力，2022年以来全球经济下行压力加大，世纪疫情冲击后的“疤痕效应”持续存在，在这种背景下持续推进服务型制造创新发展，对当前稳定我国经济增长、促进我国经济发展也具有重要意义。

首先，推进服务型制造创新发展有利于避免出现“过早去工业化”。经典的工业化理论认为，在不同的经济发展水平下，三次产业结构遵循一定的演变规律。工业是为经济和社会提供物质产品的产业部门，在促进创新、吸纳就业、稳定经济增长等方面发挥着重要作用，直接关系人民群众的生活和国家安全。虽然工业比重会随着人均GDP水平的提高出现下降，但不是越低越好，工业比重过低或下降过快都会对经济造成损害。拉美国家由于过早去工业化而掉入“中等收入陷阱”，美国等发达国家在国际金融危机后则重新认识到工业的重要性，提出了“重振制造业”“制造业回流”等战略。我国“十四五”规划纲要提出在“十四五”期间“保持制造业比重基本稳定”。服务型制造的发展增强了制造业的竞争力，激发了制造业发展的潜能，为制造业开辟了更大的发展空间，是制造业保持稳定增长及保持合理比重的有力支撑。

其次，推进服务型制造创新发展有利于应对新冠疫情对经济的冲击。服务型制造的新模式新业态，本质上是以满足客户需求为导向，深入应用数字化智能化技术赋能制造业企业，通过强化服务要素的投入和产出牵引制造全要素全过程增值。无论是工业设计服务还是个性化定制生产，无论是共享或者协同制造还是信息增值或智能服务，都需要基于新一代信息技术尤其是产业互联网，将生产制造全生命周期中的具体环节和要素映射到网络虚拟空间并实现互联互通，从而实现制造服务化延伸和价值增值。这些服务型制造模式会降低人工依赖的程度，提高制造业企业的效率，增强对经济变化的响应速度和风险防范能力。在疫情期间，中国制造企业通过服务型制造有力支持了抗击疫情。例如，一些企业上线医疗物资信息共享资源汇集服务平台，动态监控防疫物资生产、物流数据，提高医疗资源调配效率，为火神山、雷神山医院现场施工设备提供了实时监控、故障预警处理，充分彰显了积极推进服务型制造的巨大价值。由于疫情冲击，全球产业链面临着巨大的中断风险，一些企业为满足疫情防控需要，通过加强供应链管理，推动供应链智能化、协同化以及支持领军企业开展供应链金融业务，对保证供应链安全和稳定发挥了重要作用，服务型制造的理念在疫情期间得到了更加普遍的认可。

再次，推进服务型制造创新发展有利于提升产业链现代化水平。虽然我国已经成为世界第一工业和商品贸易大国，但是总体而言，我国工业化进程还存在不平衡不充分问题，产业呈现大而不强的状况，与全球工业强国差距较大，尤其是产业基础能力和产业链供应链现代化水平偏低，产业链安全存在较大风险。积极发展服务型制造能够促进高新技术、信息数据、高端人才等高端要素在制造业的集聚，一方面，带动制造业产品架构、生产工艺流程、供应链管理等的适应性创新，加速数字技术与制造技术的融合、制造与服务融合过程中的关键技术研发；另一方面，服务型制造可以助力制造业与服务业在价值链不同环节的深度融合和创新，推动制造业从单纯地关注生产制造到关注制造业价值链的全链条和服务体系的全生命周期，推动制造业从价值链低端向高端延伸以及整体价值链的价值提升。

最后，推进服务型制造创新发展有利于满足用户需求、扩大内需。中国作为世界第二大经济体，2022 年 GDP 总量已经超过 120 万亿元，形成了超大规模的大国经济基础，具有超过 4 亿人的庞大中等收入群体，国内消费的巨大潜力亟须挖掘。积极推动服务型制造的发展，对于扩大内需具有重要的促进作用。一是服务型制造可以更加直接、更高质量、更加全面、更加动态、更加便利地满足消费者需求，从而可以极大地促进消费需求。例如，通过工业设计服务，可以不断创新设计理念，促进新技术、新工艺、新材料的应用，提高消费质量，促进消费升级；定制化服务通过个性化设计、用户参与设计、交互设计，可以动态地满足消费者的个性化需求；全生命周期管理和总集成总承包的服务型制造模式则提供了一揽子、终生的消费服务，给消费者带来更加全面和便利的消费体验，大大增强了用户黏性；生产性金融服务的提供，则有效支持了消费者的未来消费，有利于深度挖掘消费者的潜在需求。二是服务型制造的发展极大地深化了新一代信息技术的应用，拓展了新一代信息技术的应用场景，从而可以有效激发对诸如5G、大数据中心、人工智能、工业互联网等新型基础设施的投资需求。三是服务型制造有利于促进生产性服务业的大发展。伴随着服务型制造的发展，一些束缚生产性服务业发展的体制机制问题也将被日益重视，要素市场化配置体制机制逐步完善，研发设计、系统集成、检测认证、专业外包、市场开拓等服务业态会迎来快速发展契机，面向服务型制造的专业服务平台、综合服务平台和共性技术平台将不断成长，相关职业教育、服务规范等也会迅速发展，最终形成生产性服务业良性大发展的态势。

2023年是全面建设社会主义现代化国家的开局之年，开局决定全局，本书的出版恰逢其时。本书重点介绍了服务型制造的发展背景、概念特征、战略意义、世界主要国家的发展经验、中国的企业实践和成效，以及发展对策和建议。本书不仅是一本科普读物，更是一本实践指导手册，我相信能够帮助广大读者进一步了解和掌握服务型制造，为中国制造业高质量发展和制造强国建设发挥积极作用，为以高质量发展推进中国式现代化贡献力量。

黄群慧

中国社会科学院经济研究所所长

中国服务型制造联盟专家委员会主任

2022年11月22日

序二

大力发展服务型制造　增强城市经济韧性

党的二十大报告提出，坚持以推动高质量发展为主题，加快建设现代化经济体系，着力提升产业链供应链韧性和安全水平；坚持把发展经济的着力点放在实体经济上，推进新型工业化，加快建设制造强国、数字中国等，推动现代服务业同先进制造业深度融合。服务型制造是服务业与制造业融合的产物，在新一轮科技革命和产业变革的驱动下，面对世纪疫情，呈现出快速发展的势头。应充分发挥服务型制造对增强经济韧性、优化经济结构的促进作用，加快构建新发展格局，推动高质量发展。

一、经济韧性是未来城市发展的关键和基础

2022年6月，联合国人居署发布的《2022年世界城市报告：展望城市未来》提出，韧性建设必将成为未来城市发展的核心任务。这里不仅包括经济，也包括社会、环境等方面的韧性建设，其中经济韧性是城市发展的基础和关键。

从近现代城市发展经验来看，轻工业、重化工业、服务业的持续升级，成为欧美城市发展的主要动力。产业转移和技术引进，推动了日韩等国城市的兴起。从具体城市来看，也可得出正反两方面经验教训。伦

敦历史上是一个烟囱林立、浓烟滚滚的工业都市，1952年伦敦大雾持续了4天，夺走了数千人的生命。20世纪70年代，伦敦开始实施服务业替代传统工业的产业结构调整战略，近年来崛起成为“创意之都”，实现了从“雾伦敦”向“酷伦敦”的转变。20世纪初期，美国五大湖地区钢铁、玻璃、化工、采矿、铁路等行业快速发展，形成了一批工业发达的城市，后期因产业转型升级滞后、重工业纷纷衰落而被称为“铁锈地带”。底特律也是一个因汽车产业而兴，又因汽车产业创新不足而衰的城市案例。

近年来，面对新冠疫情、乌克兰危机等因素叠加影响，有的城市产业链供应链中断，产业单一、新旧动能接续不足、服务功能和应急能力缺失等韧性不足的风险集中暴露出来，经济活动无法正常开展，经济增长受到影响，财政收入明显下降。未来城市要实现健康可持续发展，必须形成多样性和包容性强的经济结构，必须建立在有韧性和弹性的产业链、产业结构基础上。

二、发展服务型制造是增强经济韧性、促进未来城市发展的重要抓手

2015年以来，发展服务型制造作为制造强国建设的重要组成部分，得到了国家一系列政策的支持，形成了中央、地方政府积极引导，城市和企业广泛参与，联盟、协会、科研院所等有力推动，技术标准部门、投融资机构等多方力量参与的新格局。工业设计服务、定制化服务、供应链管理、共享制造、检验检测认证服务、全生命周期管理、总集成总承包、节能环保服务、生产性金融服务等新业态、新模式不断涌现，一批试点城市和试点企业脱颖而出，国家级服务型制造研究院建立，推动了中国服务型制造的快速发展。

过去国外关于服务型制造的提法和论述并不多，但最近出现了一些关于服务型制造的论述，比如美国国家标准与技术研究院提出要建设在线服务的新一代服务型制造业系统；德国国家科学与工程院在提出工业4.0、智能制造的基础上，提出智能服务世界，强调服务对制造的引领作用。

服务型制造不仅仅是产业、企业发展的新业态、新模式，从深层次讲，它还是产业和企业发展的新理念，是增强经济韧性、促进未来城市发展的重要抓手。

（一）服务型制造强调服务与制造融合发展，摒弃了传统产业结构升级思维，对优化产业结构、提升城市能级具有促进作用。

20世纪90年代，欧美发达国家将制造环节转移到其他国家，不仅出现了“去工业化”的问题，也导致了制造业转移后创新能力下降的问题。多年前笔者在苏州调研发现，当时飞利浦公司有关制造业务转移到苏州，对转出地创新能力影响很大。近年来美国许多研究机构认识到，制造环节转移后，美国本土看似控制了价值链的研发、销售等高端环节，但因制造业与创新能力紧密关联，制造业转移对产业的创新能力产生了直接冲击。2022年美国出台了《芯片与科学法案》，对芯片制造给予前所未有的高度重视，与此前对制造业的认识形成了鲜明的对照。

过去我们一度特别强调服务业比重，部分城市出现产业空心化现象，中国制造业比重下降较快，2020年制造业比重较2011年下降了近6个百分点。而日本、韩国、德国完成工业化后在相当长时间保持了制造业比重的稳定；美国也大力推动“制造业回流”，实施“先进制造业国家战略”。从疫情期间各城市经济表现来看，工业稳则城市稳，是各个城市应对复杂环境冲击得出的一个重要结论。

与此同时，服务业的滞后，尤其是生产性服务业的滞后，也是制约中国产业结构和城市能级提升的重要因素。发达国家生产性服务业增加值占整个服务业的比重达 70%，中国不仅生产性服务业占服务业比重低于发达国家，而且研发设计、技术服务、信息服务等行业比重也低于发达国家。经济合作与发展组织曾提出新要素理论，强调知识资本是发展新要素。知识资本主要有三类：第一类是可计算信息，包括软件和数据库；第二类是创新产权，包括专利、版权、设计、商标等；第三类是经济能力，包括品牌资产、公司特有的人力资本、连接个体和机构的网络、存在于组织内部并且可以提高效率的技术诀窍，以及广告和市场方面的一些因素等，这些都和生产性服务业密切相关。目前中国在版权和授权、品牌资产、企业特有人力资本等方面的知识资本投资明显低于欧美发达国家。

由此可见，发展服务型制造，对增强制造业竞争力、优化产业结构和提升城市能级具有重要的促进作用。

（二）服务型制造加快发展是数字化时代的产物，是智慧城市建设的重要业态。

借助数字化、网络化、智能化技术，企业可以及时动态地与客户互动，科学统筹设计、研发、生产、销售、服务，满足消费者个性化、定制化、分散化需求，显著提高制造和服务水平。大众沃尔夫蓝堡汽车城多年前实现了大规模定制的生产方式，可以在大规模生产的同时，服务消费者的个性化需求，就是建立在数字化技术进步的基础上。宁波前湾的吉利汽车城也采取了这样的方式。

一些城市促进数字经济与实体经济深度融合，推进数字产业集群和智慧城市建设。杭州紧抓打造全国数字第一城的契机，充分发挥数字经济和高端服务业发展优势，推动制造业和服务业双向融合，推动“中国视谷”等重点地区建设，实现了向一线城市的跃升。

（三）服务型制造是制造业升级的两大主要路径之一，是城市高质量发展的重要动力。

近年来，国家把智能制造作为制造强国建设的主攻方向，伴随着产业深度融合发展，服务型制造也应成为推动中国制造业升级的主要路径。就像成功的创新企业一样，服务型制造既需要科学家思维、技术创新，强调供给能力的提升，也需要企业家思维、市场需求，强调市场需求导向、商业模式创新。德国国家科学与工程院发布的《智能服务世界》研究报告提出，支持德国制造品牌的智能服务，因其提供系统性解决方案而闻名德国甚至全世界，这是过去德国以制造为特色和优势的重大突破。

（四）服务型制造基于以客户为中心的理念，为未来城市以人为中心的理念的落实打下了坚实基础。

服务型制造以客户为中心、客户至上的理念，是对过去以厂商为中心的商业模式的颠覆，对政府治理能力、产业组织合作创新、地区联动发展提出了新的要求，是考虑每个市民需求，建设创新型城市、消费中心和创意中心城市，绿色低碳发展的有力抓手。毕马威国际未来城市畅想提出，未来的城市应该是繁荣、健康、高效的城市，走可持续发展道路，考虑每个市民的需求。

服务型制造在增强城市经济韧性中的作用不断凸显。从中国15个服务型制造示范城市的经济数据看，土地面积仅占全国的2.05%，但GDP占22%，第三产业增加值占24.5%，工业产值占27.1%。2019年1月到2021年6月，在国务院国资委监管央企新设企业中，投资科技与信息、公用事业、金融与租赁服务业企业的数量和注册资本占比接近50%。在东北地区，国有资产在制造业和生产型服务业、科技服务业等产业的占比偏低，制约了东北城市经济的发展。

三、基于未来城市发展的服务型制造重要方向

在世界百年未有之大变局背景下，未来城市发展将面临历史性机遇与挑战，需要以居民幸福为核心，以发展韧性为目标，创造新一代城市生活。服务型制造作为增强经济韧性、建设现代化产业体系的有力抓手，将呈现出新的发展方向。

（一）数字化进程提速。

联合国人居署发布的《2022年世界城市报告：展望城市未来》提出，预计智慧城市需求每年将增加25%，总额约为5170亿美元。数字化技术正助力硅谷文化娱乐产品超越好莱坞。ChatGPT对人类工作生活的影响正引发热议。面对巨大的市场需求，服务型制造的一些业态和模式有望实现较快发展。如上海前两年提出发展“在线新经济”，把工业互联网作为整合产业上中下游、实现数字融通和信息共享，进而促进生产的发展方式，这方面我们已有不少成功实践，但从技术研发和商业模式上还需要加大探索力度，如人工智能和机器学习算法等。近年来网红直播不断兴起，虚拟数字人研发和应用加快，一些地区专门出台了数字人规划。当前在网络世界全球大概有150名虚拟网红，巴西一名虚拟网红销售员拥有5500万社交媒体粉丝，随着元宇宙的到来，虚拟网红将大行其道。浙江提出“产业大脑+未来工厂”，以数据驱动生产要素整合优化，实现人、机、物、系统全面连接，帮助制造企业全面提质、增效，可望获得更大发展。

（二）绿色化转型加快。

绿色低碳发展作为经济社会发展的潮流，将体现在服务型制造各环节，渗透城市生产服务的设计、研发、咨询、运行、再服务等各领域，覆盖生产体系、流通体系、消费体系以及基础设施，并衍生出许多

新业态、新模式。研究表明，在工业领域，如果循环性更强的经济体能够转向低碳、循环的商业模式，全球初级生产量和排放量的降幅将高达40%。国际劳工组织研究表明，到2030年，电动汽车、清洁能源、绿色金融等创新型新兴产业将为全球创造2400万个就业机会。2022年8月，上海围绕瞄准新领域新赛道，提出要重点发展包括绿色低碳等在内的三大未来产业，2025年产业规模要突破5000亿元。

（三）供应链安全性不断提高。

美国政府多年来一直高度重视供应链安全问题，2021年提出要对国防工业、公共卫生与设备产业、信息与通信技术产业、能源部门产业、运输工业，以及农产品及食品生产等事关美国经济繁荣和安全的产业链进行审查，明确提出要提高产业链韧性。欧盟2021年更新《欧盟产业战略》，确定了欧盟高度依赖的敏感领域的137种产品。服务型制造作为提升产业链韧性和安全水平的重要抓手，需要从技术枢纽和网络建设、科技研发、人才、平台、金融等方面来构建有韧性的供应链，促进供应链中的企业共享信息，实现关键供应链可视化透明化，持续跟踪链条上的薄弱环节，监测库存水平和物流状态，推动设计和原材料快速转化为产品。

（四）产业发展协同性将进一步增强。

随着新一轮科技革命和产业变革的兴起，产业迭代升级加快，产业链条拉长，产业复杂性明显增加，产业专业化分工与合作水平也不断提高，将推动中心城市与周边地区及中小城市的产业协作、制造环节与服务环节的协同发展，因势利导推动城市、产业和企业间形成良好的产业生态和共生关系。中国可以依托广阔的地域空间和比较优势，加快构建以国内大循环为主体、国内国际双循环相互促进的新发展格局，促进中国先进制造业和现代服务业的协同、融合发展，显著提升中国产业的分工合作水平和国际竞争能力。

（五）商业环境不断改善。

产业、企业的健康持续成长，得益于政府与市场之间的良性互动关系，得益于一流的商业环境。服务型制造作为产业发展的新业态、新模式，需要有良好的商业环境呵护。党的二十大报告提出，“完善产权保护、市场准入、公平竞争、社会信用等市场经济基础制度，优化营商环境”“营造市场化、法治化、国际化一流营商环境”。在不确定性显著上升的新形势下，城市经济增长面临巨大的压力，倒逼城市管理者重新审视如何充分激发市场主体的积极性和创造性，以营商环境改善为支点，顺应商业环境变化的新趋势，营造服务型制造发展的良好环境。

无论是现有赛道还是新赛道，服务型制造都是促进产业升级的重要方式和新兴力量，关键是要形成适应数字化、绿色化、安全化、协同化、便捷化的产业生态系统。相信在加快构建新发展格局、推动高质量发展的进程中，服务型制造在建设现代化产业体系、推进新型工业化、实现中国式现代化方面将发挥更加重要的作用。

王忠宏

国研智库

2022 年 11 月 28 日

序三

服务型制造是构建现代化产业体系的必然选择

当今世界正在经历百年未有之大变局，新一轮科技革命和产业变革深入推进，逆全球化思潮抬头，世纪疫情影响深远，全球产业链供应链发生重构，产业安全问题凸显，加快推动服务型制造发展是建设强大而有韧性的现代化产业体系的关键举措。

20世纪80年代，针对制造企业开展服务活动增多的现象，国外学者提出服务化、产品服务系统、生产者服务业等概念。这些理论基本是从企业层面甚至是单一企业、具体产品的角度出发，以求解释企业如何通过内部变革提升竞争力，进而获取更高利润，属于微观概念和局部观察，其中涉及的升级方式和手段属于落在企业层面的具体措施，但这些研究没有展现现代制造业发展的全貌和本质。服务型制造则是遵循工业发展的一般规律，结合全球工业发展经验，立足于我国工业发展现实提出的概念，既是中国新型工业化的创造性实践，又是对工业发展理论的创新。

当前，我国迈上全面建设社会主义现代化国家新征程，向第二个百年奋斗目标进军，加快建设制造强国是实现社会主义现代化的重要支撑。中国工业和制造业规模自2010年以来已连续保持世界第一，但仍存在发展质量不高、韧性不强、附加值偏低等问题。发展服务型制造有助于化解制造业发展中存在的矛盾和问题，对于构建强大而有韧性的产业体系、建设制造强国具有重要意义。其一，服务型制造是新型工业化的重要内容。工业化既具有一般规律，又具有时代特征。在产品复杂性不断提高、数字技术与实体经济深度融合的推动下，服务活动与制造过程和产品的结合日益紧密，成为制造业的重要产出，由此形成制造业的融合化、服务化发展趋势。其二，服务型制造是高质量发展的重要体现。服务型制造的发展需要推进产业技术创新、商业模式创新，加强与其他领域先进技术的应用和融合，进而实现制造业的质量变革、效率变革、动力变革。其三，服务型制造是共同富裕的重要支撑。制造企业开展服务型制造的目的是扩大收入、增加利润，在产业层面表现为增加值率、利润率的提升，从而让人民群众分享更多经济发展的成果。其四，服务型制造是绿色低碳发展的重要推动力。服务型制造的发展，一方面，实现了生产与需求的高度匹配，降低库存积压，减少资源能源的浪费；另一方面，通过扩大服务收入减少了单位产出中资源能源消耗，符合绿色发展的理念。其五，服务型制造是增强产业链韧性的重要抓手。服务型制造是从一次性销售产品收入转向长期获得服务收入，用户的转换成本更高、黏性更强，产业链的联系更加紧密和牢固。

自我国提出发展服务型制造任务以来，在工业和信息化部的指导下，工业和信息化部电子第五研究所联合权威科研院所、高校、企业等有关单位共同发起成立中国服务型制造联盟，推动服务型制造研究院落户杭州，开展了大量的理论研究和实践落地工作。《服务型制造：助力建设现代化产业体系》一书是在前期基础上，结合我国产业发展的现实紧迫需求而作的一本服务型制造专著。

为了全面清晰地展现服务型制造的基本情况，本书共设置了四章内容:“第一章　服务型制造助力构建强大韧性的现代化产业体系”主要介绍了服务型制造的发展背景、概念、特征以及重大战略意义;“第二章　世界主要国家服务型制造发展经验”主要介绍了美国、德国、日本等发达国家的发展经验以及世界先进企业的实践经验;“第三章　我国服务型制造的实践及成效”主要介绍了我国近年来在顶层设计、要素供给保障、示范宣贯、企业转型和城市建设等方面的总体情况;“第四章　加快推动服务型制造高质量发展的思路和对策建议”从政策规划、知识理论、评价统计、标准建设、技术创新、人才引育、生态建设、宣贯传播八个方面提出了发展建议。此外，附件部分提供了国家级服务型制造相关政策演进历程、全国省（市、区）级（含计划单列市、部分地级市）服务型制造相关政策、我国企业服务型制造转型路径、全球服务型制造发展指数报告等内容。

时代机遇迎面而至，产业发展向前不歇，推动服务型制造发展将对构建强大韧性的产业体系产生重大推进作用。限于时间和篇幅，本书未能将我们关于服务型制造的全部研究成果向读者呈现，欢迎各界朋友持续关注、研究、实践服务型制造，共同为推进中国制造业发展作出贡献。

刘尚文

服务型制造研究院院长、中国服务型制造联盟常务副秘书长

2022 年 11 月 9 日

目 录

第一章

服务型制造助力构建强大韧性的现代化产业体系

产业演化有其历史的趋向性和必然性，本轮产业演化的必经之路即为产业的融合发展。当今世界正经历百年未有之大变局，在全党全国各族人民迈上全面建设社会主义现代化国家新征程、向第二个百年奋斗目标进军的关键时刻，习近平总书记在中国共产党第二十次全国代表大会上明确指出2035年“建成现代化经济体系，形成新发展格局，基本实现新型工业化、信息化、城镇化、农业现代化”[①]的发展总体目标。而服务型制造作为数字智能时代产业范式与产业生态的变革，既是产业发展的历史必然选择，同时也更应该作为我国产业融合发展的主攻路径，是锚定未来五年甚至更长远时期内经济高质量发展取得新突破、构建新发展格局和建设强大韧性的现代化产业体系的主动选择。

本章首先从产业发展的历史观视角看待服务型制造并了解服务型制造的发展背景；其次从服务型制造的概念演化明确服务型制造的基本内涵，根据我国产业实践进一步明确我国服务型制造的概念边界从而定义服务型制造的概念，并厘清相关混淆概念从而指导地方政府和产业界的具体实践；最后从服务型制造的概念本质和产业实践挖掘发展服务型制造对于助力构建我国强大韧性的现代化产业体系的重大战略意义。

① 《党的二十大文件汇编》，党建读物出版社2022年版。

一、服务型制造发展的历史脉络

作为对人类生产性活动的概括，产业并非针对经济现象的一种静态、凝固的认识及分类，而是伴随经济技术条件的变化和人类对生产性活动及专业化分工认识的深化而动态演化的认识及分类，其中影响重大而深远的演化趋势之一就是产业融合与跨界①。综观产业发展历程，可以将制造业和服务业的融合发展划分为三个阶段，如图 1–1 所示。20 世纪 60 年代以前，农业、工业和服务业一直都处于相互之间完全独立的状态，三个产业之间具有非常清晰的产业边界。在此阶段，人们的需求还是以物质需求为主。不同的产业根据消费者的不同需求，在各自的领域提供单纯的产品或者服务，这种产业分工的状态一直延续到 20 世纪 50 年代末。随着社会经济的发展，制造业和服务业的社会分工开始发生变化。20 世纪 60—80 年代，随着工业化的进一步发展，一方面，人们的物质生活开始丰富，消费者不再仅仅满足于获得单纯的物质产品和服务；另一方面，技术的进步以及竞争的加剧，让商业环境发生了巨大的变化，产品的技术和功能开始逐渐趋同，依靠单纯的产品和服务已经无法建立持续的竞争优势。在这种产业背景下，制造业和服务业已无法割裂，“产品 + 服务”成为更多制造商的选择，两种产业由原先的分离开始走向融合。

自 20 世纪 90 年代至今，发达国家从战略管理、工商管理、市场营销等领域提出了一条制造与服务融合的典型路径——制造服务化。Vandermerwe 和 Rada（1988）首次提出制造服务化是制造企业旨在为

---

① 罗仲伟：“制造业和服务业融合发展的机理和路径研究”，《重庆理工大学学报（社会科学）》2021 年第 35 卷第 11 期，第 1~10 页。

增加产品自身的价值，从而提供更完整的“产品—服务包”（Bundles）或发展以客户为中心的商品、服务、支持、自助服务和知识组合的趋势。这逐渐成为产业界与学术界对于制造业发展的共识。在此概念的基础上，进一步形成了企业制造服务化转型需要从售卖产品到提供产品服务系统的基本思想，如Baines等（2007）认为制造服务化是一种组织能力和过程的创新，通过从卖产品向卖产品服务系统（PSS）的转变来更好地创造价值。国内学者在此基础上将概念不断精细化，李靖华等（2020）提出制造服务化是制造企业（WHO）向下游用户（WHOM）提供基于产品功能的服务（WHAT），从关注产品的交换价值转变为关注产品的使用价值，通过与用户的互动实现价值共创（WHY），实现双方价值增值的动态过程（PROCESS）。同期，环境可持续、循环经济、机械工程、工业工程等领域也提出了企业在服务业务体系构建方向的概念——产品服务系统（PSS），亦是服务型制造领域的关键概念。1999年，Goedkoop等首次定义产品服务系统为一套具备市场竞争力的产品和服务的集合，通过整合产品、服务、基础设施和相关参与者，共同满足用户的需求，强调产品和服务对于功能的实现同样重要。随着工业的发展，环境问题逐渐成为全球经济发展的核心议题。产品服务系统作为一种新的企业发展战略，通过集成系统元素，提供系统解决方案，提高资源的使用效率，进而延长产品的使用周期，被认为能够有效解决环境可持续发展的问题。因此，Mont（2003）将环境可持续作为核心要素加入PSS的概念，将产品服务系统定义为包含产品、服务、支撑网络和基础设施的一个系统，该系统的设计目标是提高企业竞争力，满足顾客需求，降低对环境的影响。Vezzoli等（2015）以一个更为全面的视角定义产品服务系统：产品服务系统是一种提供产品和服务的综合组合，这些产品和服务的组合能够满足特定的客户需求（提供一个“满意度单位”），基于价值生产系统（满意度系统）的利益相关者之间的创新互动，其中供应商的经济和竞争利益不断寻求对环境和社会有益的新解决方案。此外，产品服务系统领域还包括面向工业服务场景的工业产品服务系统、极其注重环境生态效益的生态高效服务系统和可持续产品服务系统、依托智能产品和数字技术的智能产品服务系统、产品服务软件系统等相关概念。

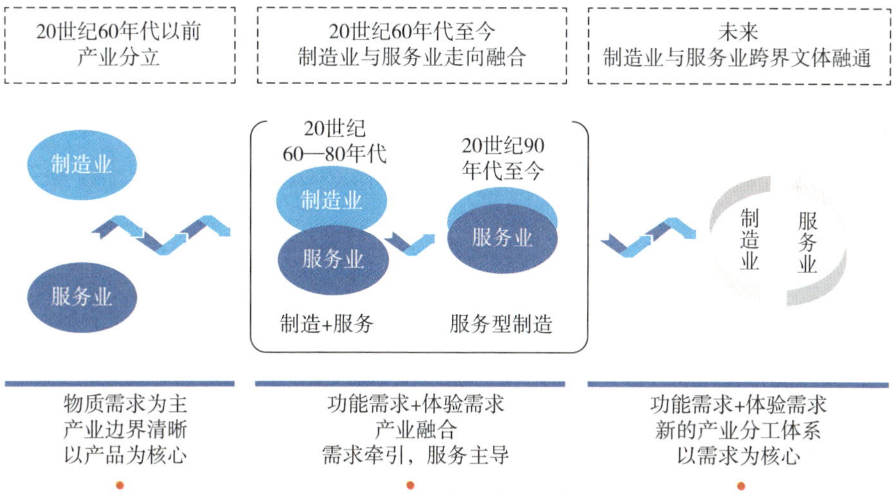

图 1-1　制造业和服务业的融合发展阶段

资料来源：服务型制造研究院整理。

服务型制造是我国面向制造业未来产业发展的主动选择，是我国在推动产业融合发展之路上，基于发达国家“制造服务化”“产品服务系统”衍生而来的一个具有明显中国特色的概念。我国服务型制造的概念最初由孙林岩等（2007）提出。《中国制造 2025》首次提出“促进生产型制造向服务型制造转变”，2015 年习近平总书记在中央经济工作会议上的讲话中提出，要按照高端化、智能化、绿色化、服务化的方向，实施好《中国制造 2025》、“互联网 +”行动计划[①]。2016 年，工业和信息

① “受权发布：《习近平关于科技创新论述摘编》（七）”，人民网 2016 年 3 月 4 日，http://scitech.people.com.cn/n1/2016/0304/c1007-28171623.html。

化部联合国家发展改革委、中国工程院印发《发展服务型制造专项行动指南》，首次从国家层面明确提出服务型制造是制造与服务融合发展的新型产业形态，是制造业转型升级的重要方向。2020 年，工业和信息化部等 15 部门又联合发布了《关于进一步促进服务型制造发展的指导意见》，重新规划了我国服务型制造发展的重点工作。自 2016 年至今，工业和信息化部大力推动服务型制造宣贯活动，开展服务型制造示范遴选，指导成立中国服务型制造联盟和服务型制造研究院等公共服务部门，极大助力了企业服务型制造转型，并且已经取得了显著成效，我国服务型制造正蓬勃发展。

《中共中央关于制定国民经济和社会发展第十四个五年规划和二〇三五年远景目标的建议》在强调提升产业链供应链现代化水平时明确提出“推动传统产业高端化、智能化、绿色化，发展服务型制造”。在中国共产党第二十次全国代表大会的报告中强调建设现代化产业体系时亦指出“推动制造业高端化、智能化、绿色化发展”，“构建优质高效的服务业新体系，推动现代服务业同先进制造业、现代农业深度融合”。可见国家对于智能制造、工业 4.0 以及服务型制造的定位是非常清晰的：智能制造、工业 4.0、工业互联网等强调的是通过数字技术与制造业的融合推动制造业的智能化改造升级；而服务型制造强调的是通过服务业与制造业的融合推动产业融合发展、构建优质高效服务业体系的核心手段。过去几十年，产业演化经历着从分立走向融合的进程，服务型制造作为我国最为典型的体现制造与服务融合特征及演化趋势的重要产业形态，既是当前及今后一段时期内我国以产业融合方式促进制造业高质量发展的重要路径，又是应对外部环境变化的重要策略，更是对产业演化进程中产业融合发展趋势的主动响应。

二、服务型制造的概念及特征

（一）服务型制造概念

可以看到，我国服务型制造概念虽然起源于发达国家的制造服务化和产品服务系统的概念，但是我们并没有教条地仿照，如图 1–2 所示。理论来源于实践，并应该进一步指导实践。我国服务型制造概念的基本内涵在发达国家产业实践和理论研究的基础上，从企业战略发展方向的基本内涵成长为具备企业和产业双重属性的制造服务融合定位；并基于我国产业实践的边界范畴，形成了更为广阔的服务型制造实践路径。也基于此，在我国学术界、产业界的相关学者及企业家的努力下，逐渐演化并形成了具有中国特色的服务型制造发展理念。

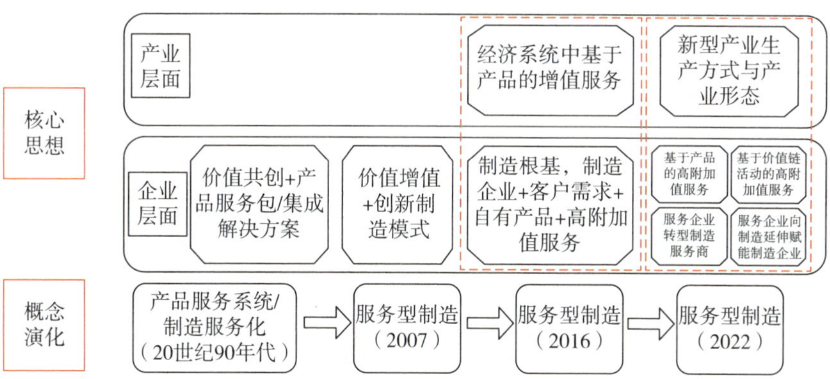

图 1-2　服务型制造概念演化全景

资料来源：服务型制造研究院整理。

一是从服务型制造概念演化理解服务型制造核心思想。我国服务型制造的概念最初由孙林岩等（2007）提出。他们指出，服务型制造是为了实现价值链中各利益相关者的价值增值，通过产品和服务的融合、客户全程参与、企业相互提供生产性服务和服务性生产，实现分散化制造资源的整合和各自个性竞争力的高度协同，达到高效创新的一种制造模式。服务型制造背景下的相关企业活动是分散化、专业化的，但围绕着产品服务的生命周期组成了整个产品服务系统，通过集成的解决方案，增强产品附加价值，使传统制造企业从制造领域向服务领域扩展，并提升它们在价值链上的地位。在此阶段，服务型制造被认为是一种基于产品服务系统的创新制造模式。2016 年，工业和信息化部联合国家发展改革委、中国工程院印发《发展服务型制造专项行动指南》，给出了服务型制造的定性描述："制造业企业通过创新优化生产组织形式、运营管理方式和商业发展模式，不断增加服务要素在投入和产出中的比重，从以加工组装为主向'制造 + 服务'转型，从单纯出售产品向'产品 + 服务'转变。"引用《中国服务型制造发展报告（2018—2019）》中对于该概念的解读，服务型制造 = 制造企业 + 面向用户 + 基于（制造商自有）产品 + 增值服务。总的来说，可以认为狭义的服务型制造是以制造企业为主体、以客户需求为导向，基于制造企业所生产的产品提供的增值服务。广义的服务型制造则是整个经济系统中基于产品的增值服务（李晓华、刘尚文，2019）。因此，我国服务型制造概念的范畴逐渐由企业层面扩展到产业层面。从整个国民经济的宏观视角看，基于产品增值服务的发展——无论是制造企业本身提供更多的基于产品的高级服务，还是由专业化的服务企业提供基于产品的高级服务——由制造活动或产品延伸、衍生出的服务的总量和基于服务的收入都会增加，整个经济会呈现出服务化的趋势。

综观服务型制造服务化、产品服务系统和服务型制造，它们的特点是：①基本思想一致：都是强调通过利益相关方之间的价值共创使企业完成从售卖产品到售卖产品服务交付物的转型，从而助力企业形成更强的竞争优势；②核心主体一致：所有产品服务系统、制造服务化以及2016年的服务型制造概念，实施主体均为制造业企业；③服务表现形式一致：三者都在强调基于产品而提供高附加值的服务体系。

服务型制造基本思想是价值共创。传统的价值创造的逻辑基于产品主导逻辑，企业是价值的创造者，然后以产品的方式传递给客户，客户以相应的价格来购买产品，完成价值的交换。在此过程中，企业关注的是整合初级、中级的生产要素完成价值的提取，实现产品的研发设计生产制造以及销售，顾客在此过程中是被动的接受者，游离在企业的价值创造过程之外，客户通过交易完成了价值的交换。客户对产品和服务信息的了解与企业掌握的是极度不对称的，客户的满意度和黏性只有在售卖产品的时候才会被关注，企业无法与购买产品的客户持续交互。服务型制造概念的核心是价值共创。价值共创的思想来源于服务经济学中的服务主导逻辑，强调高级生产要素如专业知识与技能的整合应用，企业和客户共同作为资源的整合者，形成一个业务系统。客户不再作为企业产品的被动接受者，而是参与到企业的价值创造过程中来，与企业共同完成价值创造的过程。在此过程中，企业应该将传统产品主导的思维逻辑向客户主导的思维逻辑转换，以客户为中心，与客户形成长期联结，寻求更多的渠道、更多的使用场景以及更多的接触点以达成与客户的紧密互动，从而与客户共同创造完善服务提供过程中的体验，在与客户接触的全链条上寻求客户满意度的提升，以求共同创造更多的价值。

服务型制造虽然起源于企业层面，但是其价值共创的基本思想以及以通过协作系统整合利益相关方实现高附加值产品服务体系的操作手段，亦可以使服务型制造通过复杂适应系统的涌现不断成为产业优化升级的核心手段。因此，学者们越来越重视从产业演化和产业融合发展的视角看待服务型制造，罗仲伟认为服务型制造本质上是新时代一场跨领域、跨产业、跨产品、跨场景和跨学科的产业范式和产业生态的变革，即以满足日益多元、多样、分散、动态、涌现和速变的市场需求为导向；以新一代使能数字智能技术和互联网技术的创新应用为支撑；以先进制造为基础跨越传统产业边界实现制造与服务的产业融合及产业协同，形成新的产业运行关系、产业组织关系和产业生态关系；以产业形态创新、产业组织创新及其所引导的企业战略管理创新、企业运营及管理方式创新、企业商业模式创新为牵引，经制造和服务的产业要素融通配置、产业基础交叉重构、产业关系深度融合而实现高层次、高质量、高水平供需动态平衡的新产业生产方式。① 自此，服务型制造具备了在产业层面的明确认知，服务型制造作为制造与服务融合的新型产业形态，是产业融合发展的主攻路径，亦是走向未来产业分工的必经之路。

二是从我国产业实践认知服务型制造概念边界。从 2016 年至今的产业实践中，我们不仅找到了 2020 年工业和信息化部、国家发展改革委等 15 部门发布的《关于进一步促进服务型制造发展的指导意见》中重点提到的工业设计服务、个性化定制服务、供应链管理、共享制造、检验检测认证服务、全生命周期管理、总集成总承包、节能环保服务、生产性金融服务等九大服务模式，也找到了三种新的服务型制造新模式：文化赋值服务、信息增值服务、数字化转型服务，未来会发现更多

① 罗仲伟："服务型制造是构筑产业发展新格局的着力点"，《价格理论与实践》2021 年第 7 期，第 39~43 页。

的企业实践的服务业务模式。

图 1–3 构建了一个从企业应用层到业务模式层再到核心能力层的逻辑框架，从中可以看到服务型制造的典型模式其实是企业开展服务型制造业务的外在表现形式，并非服务型制造的本质；模式可以进一步挖掘和归类，通过进一步研究发现，模式的底层逻辑其实是基于波特价值链理论的能力体系。可以说，服务型制造模式的逻辑内核是价值链理论。从价值链视角出发，可以形成三种能力体系，分别是两种基本能力：基于产品服务交付物的能力（绿色）、基于价值链活动的能力（蓝色）以及基于两种基本能力的组合能力（橙色）。①基于产品服务交付物的能力：以波特价值链中的产出性活动为分界线，基于产品服务交付物的能力主要强化了价值链后端的市场销售和售后服务两个能力。产品服务交付物延续了制造服务化的核心思想，强调基于产品提供满足客户需求的服务体系，传统意义上的产品的后市场服务体系属于这种能力的典型表现形式，企业会在提供产品的基础上，提供支持产品正常运行的服务体系，如维保、大修、产品使用培训、回收再制造等服务内容。图 1–3 中展示了此服务的服务模式，文化赋值服务通常是营销采用的手段，指充分利用制造企业独特的产品特性和品质以及制造特征，与相关的文化创意相结合，开展经营性工业旅游、博物馆展示、主题文化娱乐、文化品牌建设等活动，深入挖掘制造产品的文化溢价空间；而信息增值服务强调产品使用过程中额外的信息服务，指企业围绕核心产品不断融入能够带来市场价值的信息增值服务，帮助企业从传统的提供制造业产品向融入信息服务要素的产品服务系统转变。②基于价值链活动的能力：基于价值链活动的能力是制造企业立足于自身原有的在制造领域的研发设计核心技术、生产制造关键技术及优质制造供应商等资源能力优势，在能力技术富足冗余的前提下，对同质制造产业链提供以制造能力为基础的

高级服务业务的能力。从价值链活动角度看，基于价值链活动的能力主要强调辅助活动（包括基础设施与支持、资源管理、技术开发和采购）以及销售以前的价值链活动的拓展。其中典型的服务型制造模式包括：工业设计服务、检验检测认证服务、数字化转型服务、共享制造、供应链管理、生产性金融服务等。③基于两种基本能力的组合能力：组合能力是制造商基于核心产品，对相关服务提供商进行资源整合，建立更加完整的服务价值网络，从价值链全流程满足消费者日益增长的体验价值的能力。其中典型的服务型制造模式包括：全生命周期管理服务、个性化定制服务、总集成总承包服务、节能环保服务。

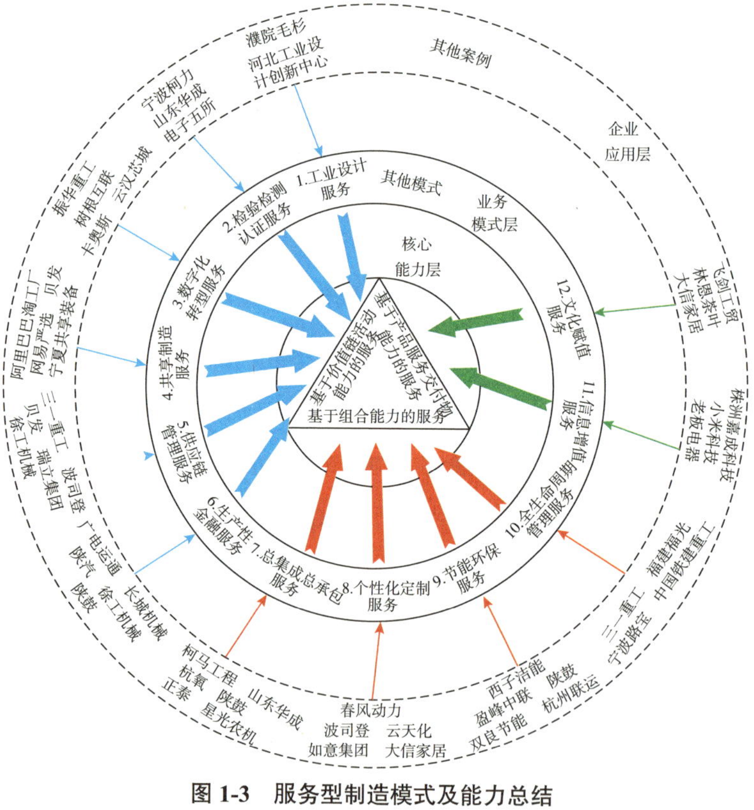

图 1-3　服务型制造模式及能力总结

资料来源：服务型制造研究院整理。

因此可以看到，基于我国产业实践的服务型制造概念边界在拓宽：①我国制造业服务型制造转型有更宽广的实践路径。回归波特价值链本身，将服务型制造模式依照图 1–4 进行划分，可以看到，制造企业服务型制造的发展模式均可以在价值链上找到其相应的位置，图中绿色区域和橙色区域为制造服务化与产品服务系统的边界范围，这两个概念主要覆盖了基于产品服务交付物的能力以及部分组合能力，然而我国服务型制造的产业实践中基于价值链活动能力的典型模式并不属于制造服务化和产品服务系统的概念范畴，而是属于蓝色区域的范畴，也已经超出了 2016 年服务型制造的概念边界。②需要注意我国服务型制造产业实践的主体不仅仅是制造业企业，服务业企业也在同时开展服务型制造的转型。众多服务业企业因为市场上现有产品不足以支撑其服务业务，而延伸至制造环节，研发生产制造更为专业的产品作为服务的载体，例如顺丰物流制造无人机支撑山区的快递业务；也同样有服务业企业构建公共

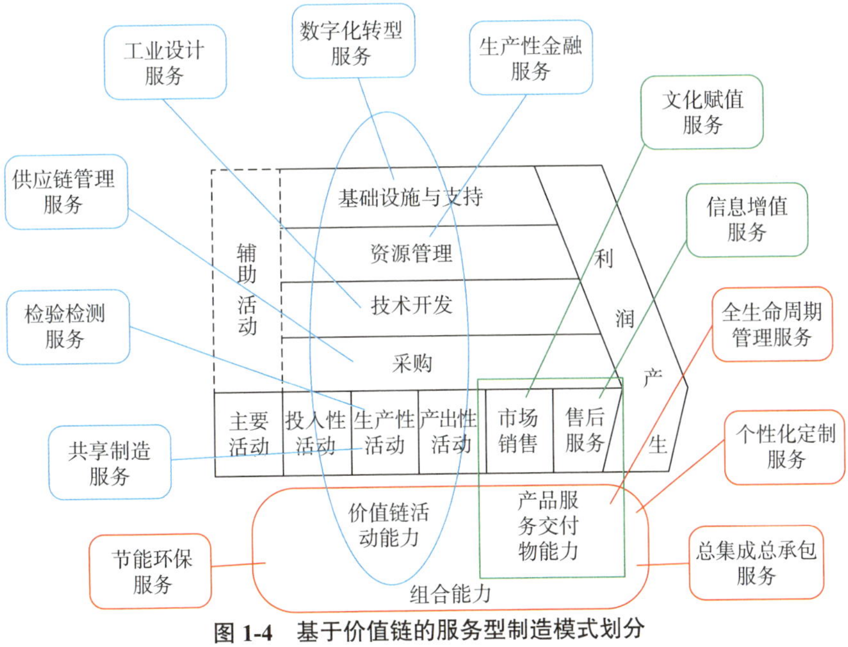

图 1-4　基于价值链的服务型制造模式划分

资料来源：服务型制造研究院整理。

服务平台联结制造业企业为制造业赋能，例如树根互联与宁夏共享装备合作利用工业互联网联结区域制造企业为模具的共享制造搭建服务平台。所以，我们对于服务型制造的边界结论是：无论从制造端出发增加服务要素使制造业企业服务化转型，还是从服务业出发向制造延伸赋能制造企业，只要能够形成制造与服务融合的价值共创网络即可视为服务型制造。

在理解服务型制造的基本内涵和概念边界的基础上，重新审视服务型制造价值创造过程（见图 1–5 橙色空间），可以明确服务型制造的五大核心要素。一是根基：服务型制造的根基是制造业。服务型制造是面向服务的制造，其内涵与制造服务化有着本质的区别，我国的服务型制造强调制造与服务的深度融合，但不意味着去制造，或者以服务取代制造；而是要通过服务能力的建设反哺制造能力的优化升级，不断提高制造业的工艺装备的先进性和产品的创新能力，进一步助力制造业的高质量发展。二是目标：服务型制造的目标是市场的价值需求。传统制造业因为产品主导的思维逻辑通过自己对市场的认知、对客户需求的假设研发设计相应的产品，以满足客户的功能需求。而价值需求首先是需要企业转换思维方式，要求企业与客户建立紧密联结，明确自身所处的细分市场，真正站在客户的角度挖掘客户的有效需求；其次需要尽快理解市场需求的升级是必然趋势，企业应该逐步转换观念，从关注产品的功能性价值到关注客户的体验价值，逐步明确企业所在市场的价值需求体系。三是路径：服务型制造的路径是以服务要素重塑制造业价值链。基于数字技术的制造业新模式如智能制造、工业 4.0、工业互联网等强调数字技术与制造业的深度融合，是以数字要素重塑制造业；服务型制造强调加强制造企业的服务要素的投入和产出，并以服务业务的逻辑牵引制造业务，重构了企业业务逻辑、组织架构、组织机能、绩效核算、人才培养等一系列体系。四是支撑：服务型制造的主要支撑技术是数字技术。数字经济的发展对服务型制造的迅速推进有着至关重要的作用，提供给客户个性化定制的解决方案从古到今一直都有，但是以前不足以实现规模化，而数字技术的普及应用为服务经济的规模化生产提供可能；数字化网络化智能化的数字体系建设也使企业具备更强的、范围更广的、系统性的运营管理能力，极大助力了更大范围内的产业链集成；同时数字技术与服务模式整合形成的创新数字服务，为企业提供了新的业务体系和利润增长点。五是标志：服务型制造的标志是形成制造与服务融合的价值共创网络。基于价值共创的思想基础，企业与客户包括利益相关方在内的各种角色会形成更为紧密的协作网络组织，从而构建以提供高附加值的产品服务组合为目的的制造服务系统。因此，我们评定企业是否做了服务型制造，并不考虑主体的属性是制造业还是服务业，也不考虑路径是制造业企业向服务化转型还是服务业企业向制造延伸，而是在于各种角色之间是否协作构建了这样的价值共创网络。

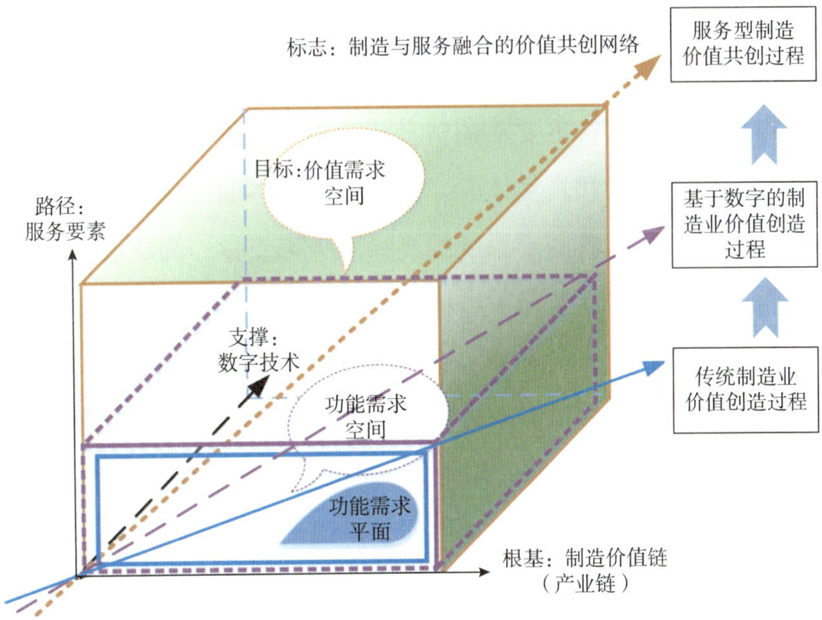

图 1-5 服务型制造价值共创过程

资料来源：服务型制造研究院绘制。

基于概念演化知晓服务型制造的基本内涵，基于我国产业实践，重新明晰了我国服务型制造的概念边界。我们认为服务型制造“是以市场价值需求为导向，以数字技术的普及应用为支撑，通过创新企业生产组织形式、以服务要素重塑制造价值链、打造高附加值产品服务组合、构建制造与服务融合的价值共创网络，进而跨越传统产业边界，全方位重塑产业关系，实现制造与服务融合发展的新型产业生产方式和产业形态”。

（二）服务型制造特征

承接服务型制造的基本要素模型，可以进一步理解服务型制造的典型特征。

特征一：服务型制造价值创造过程的出发点和落脚点是利益相关方的价值需求。如图 1–6 所示，传统制造业关注的是企业发展的利益以及产品所满足的功能价值（如紫色虚线框所示）。而发展服务型制造不仅要满足市场功能需求，更要从消费者或者用户的立场出发，充分有效地了解其真实使用场景和真实体验，挖掘客户的体验需求，与客户共同创造体验价值。极致体验需要系统的高级服务来支撑，高级服务的出发点是需要企业充分考虑利益相关方的价值需求体系（包括如供给方团队的经济效益、创新、成长的需求，需求方的功能需求和体验需求），以及相关约束体系（包括如供需双方的社会效益、绿色发展的约束、成本与质量的约束等）；在明确价值需求体系的基础上，配置生产资源和制造能力、构造商业模式、创新供给方式，从而形成综合服务能力体系以满足客户价值需求，从而最大化利益相关方的价值体系，并最终获得客户的认可，提高客户满意度和黏度。

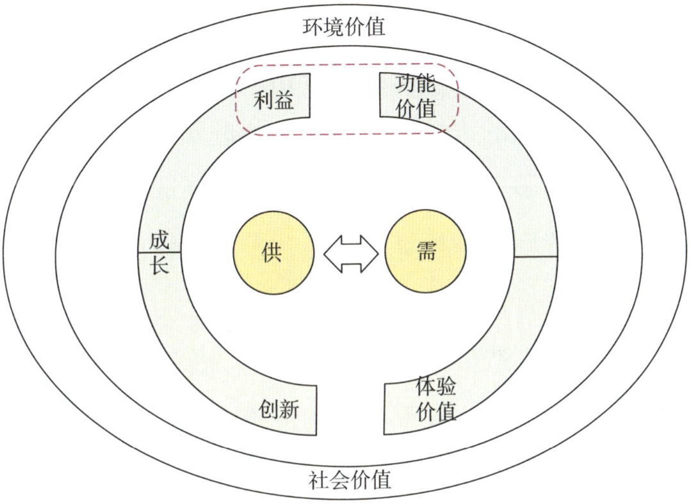

图 1-6 价值需求示意

资料来源：服务型制造研究院绘制。

同时值得注意的是，从功能需求到价值需求是服务型制造驱动需求升级的核心路径，服务型制造也可以在驱动需求升级的过程中扩大需求规模。一方面，从横向需求挖掘来看，服务型制造可以扩大市场需求规模。服务型制造通过对客户需求及产品应用场景进行更为细致的画像，在提供满足功能需求产品的基础上，满足用户更多的价值需求，从而拓展出更多细分市场。另一方面，从纵向需求挖掘来看，服务型制造可以助力市场需求升级。服务型制造建立新型制造模式，长期服务于目标客户，在与客户持续的接触过程中，挖掘并满足客户跨越制造和服务的潜在、模糊需求，为客户创造更多的价值。

特征二：服务型制造价值创造过程的核心属性是制造与服务融合的系统性变革。传统制造企业作为一个经济系统，其核心是研发生产制造产品并售卖，从而赚取利润并获得竞争优势。而企业做服务型制造转型时，因其满足的需求从单一产品的功能需求转变为利益相关方的价值需求，这迫使企业的思维范式突破传统制造企业的产品主导思维，转向客户主导思维；同时牵引企业战略从专注制造转向制造与服务融合并行的战略思想。企业需要与客户和其他利益相关方共同形成更大范畴的经济系统，以适应复杂多变的市场需求。而在此过程中，制造企业必须更大程度地兼容制造业与服务业的差异，逐步实现制造企业从战略决策到组织架构，从资源配置到财务核算，从经营方式到管理方式，从生产过程到营销手段的全方位、系统性的变革。

特征三：服务型制造价值创造过程的主要价值来源是服务要素。传统制造企业在发展过程中比较重视自然资源、资本、劳动力等初级、中级生产要素，通过整合资源形成物理产品。数字智能时代，数字要素开始作为企业发展的核心生产要素之一，助力企业数字化转型、智能制造转型，助推企业开展基于数字技术的制造业价值创造过程。而服务型制造是在以数字技术的普及应用为支撑的基础上，以服务要素重塑制造业价值链。企业不断加入服务要素的投入和产出，重构了企业的价值创造机制，改变了以往企业研发制造销售产品的主要业务流程，优化了企业价值创造的过程（见图 1–7）。

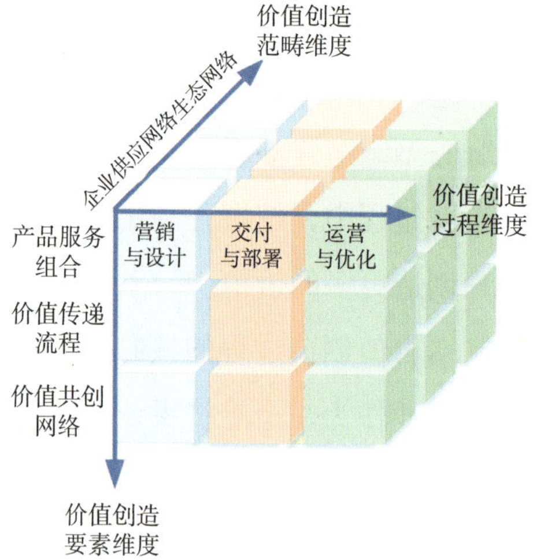

图 1-7　服务型制造价值创造解构示意

资料来源：服务型制造研究院绘制。

具体可从三个维度来看。①服务型制造价值创造过程需要做哪些事情，即价值创造要素维度。采用制造业三维并行工程的基本逻辑，传统制造业的价值创造要素需要并行考虑产品—流程—供应链的并行研发、集成，服务型制造的要素维度也是延续这样的基本思想，不同的是产品升级为具有高附加值的产品服务组合，流程升级为价值传递流程，而原本的供应链升级为价值共创网络。②服务型制造价值创造过程涉及的范围，即价值创造范畴维度。传统制造业主要的价值创造范畴是在企业内部（及其供应链），而服务型制造的价值创造至少要突破企业的范畴，需要与客户深度合作以实现价值共创；进一步地，服务型制造是知识能力、资源整合导向的基本思想，传统制造业企业所具备的能力大多不能够满足企业转型的需要，所以企业协同其他利益相关方整合能力体系面向客户形成解决方案时，经常需要跨企业、跨供应链甚至跨产业以形成更大的供应网络；再进一步，企业可以构建更大的服务平台，为生态中的企业提供服务时价值创造范畴得到进一步的扩张。③服务型制造价值创造需要什么样的流程，即价值创造过程维度。与传统制造业的产品研发、生产、制造、销售、售后服务的流程不同的是，服务型制造理想的过程应该是产品服务的营销与设计、产品服务的交付与部署以及产品服务的运营与优化。鉴于价值共创的基本逻辑，企业需要在了解客户需求的同时提出相应的解决方案。当客户认可该解决方案时，可以进一步与企业协商完成价值共创的全部过程，并进一步完成价值的分配过程，可以说营销与设计是一体的。这样的业务逻辑 B2B 的企业操作起来会更容易一些，但是面向消费端的企业也可以采用其他方法，比如个性化定制的平台或者通过分销商或者通过门店影响客户，无论怎样其基本思想都是信息的传递和反馈，需要不断地与客户接触。接下来是产品服务组合的设计、交付和部署，与传统制造业不同的是，服务型制造强调的是明确需求，开展体验设计和服务设计形成相应的集成解决方案，然后牵引产品的应用和创新升级，并通过价值传递流程完成产品服务组合的交付部署，而不是直接进入产品的生命周期。所以，服务型制造关注的是整体解决方案的全生命周期。在产品服务组合交付之后需要保障其正常的服务功能，进入运营与优化的阶段，此时企业需要更加关注客户的体验，与客户持续交互，依据客户体验完善优化升级提供的服务内容。

特征四：服务型制造价值创造过程的核心产出是产品服务组合。前文提到过一个类似的名词“产品服务交付物”（product service offering），该名词延续制造服务化的基本思想，以产品服务包作为制造企业的交付物；同样，在2016年的服务型制造概念中提及制造企业从售卖产品到售卖“产品＋服务”转型。但是，它们都不能清晰、完整地解释我国产业实践中的产品与服务的组合情况。故而本节提出“产品服务组合”，重新界定企业的物理产品和服务产品以客户价值需求为导向进行合理组合形成的复杂交付物。可以从两个维度进一步明确产品与服务的组合方式，如图1–8所示。

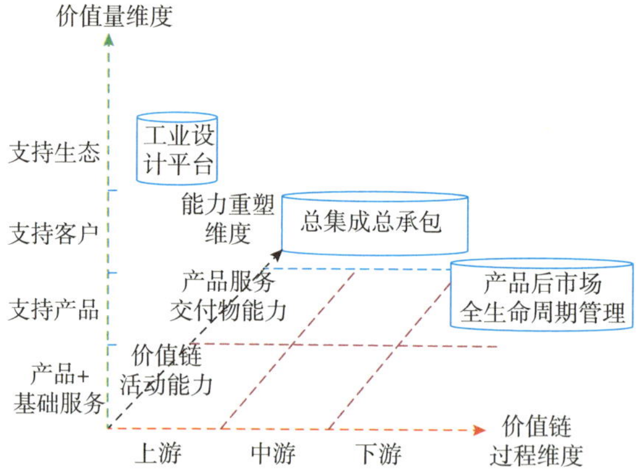

图1-8　产品服务组合的组合体系

资料来源：服务型制造研究院绘制。

第一个是平面展开的维度：产品服务组合可以组合哪些产品和服务。在前文梳理中国产业实践的过程中，将典型的服务模式按照价值链过程维度和能力重塑维度进行划分，形成属于不同区间的12种典型模式（其实还可以有更多模式）。但其实不同的模式本身创造的价值量还不尽相同，所以形成第二个纵向展开的维度：产品服务组合可以划分为哪些层级。以生产要素的边际效益理论为基础，服务型制造引导企业做的不仅是简单的“产品+服务”，而且是提供满足客户需求的具有高附加值的产品服务组合（高附加值的产品服务组合来源于更多专业知识、技能、技术、制度、组织形式等高级生产要素，而高级要素的边际效益随着量的累积不会降低反而会以指数型提升），可分为三个等级（此部分在企业转型路径中会详细介绍）。①“产品导向型服务——支撑产品运行的服务”：此阶段的核心聚焦于产品提供和产品保养，需要维持售卖给客户的产品的正常运行，如产品后市场全生命周期管理服务；②“客户导向型服务——支撑客户运营的服务”：客户导向型服务在产品导向型服务的基础上构建形成，聚焦于提供高性能产品的服务能力，此时产品服务组合主要是支撑客户运营的集成解决方案，如总集成总承包服务；③“生态导向型服务——支撑生态运营的服务”：生态导向型服务在客户导向型服务的基础上进一步构建形成，企业价值创造的范畴进一步扩张，需要构建生态（可以基于数字化平台），面对大量甚至海量的客户提供高附加值产品服务组合，如依托工业设计平台的工业设计服务。两个维度结合可以构建一个制造与服务立体融合的产品服务组合体系。

特征五：服务型制造价值创造过程具备企业与产业的双重属性。服务型制造起源于国际上的“制造服务化”与“产品服务系统”，是立足于中国发展现状、依据中国产业实践提出的具有中国特色的概念体系。服务型制造起初是制造企业通过开展服务化历程强化价值链能力，向产业链高端攀升，进而稳定和扩张行业竞争优势的企业行为。发展至今，服务型制造逐渐被认可为产业演化进程中的制造业与服务业融合发展的核心路径，亦是以产业融合方式促进制造业高质量发展的核心路径。服务型制造通过构建制造与服务融合的价值共创网络，从企业内部价值创造范畴开始，与客户和利益相关方协同重构产品服务供应网络，形成新的价值创造系统；再以此为基础，进一步整合有相同或相似需求和目标的利益相关方或其他价值创造系统，在更大范畴的生态网络层面进行价值创造活动。在此过程中，企业逐渐具备从企业层面的变革影响到产业链的变革和产业生态的变革，在实现产业内部组织关系重构的同时也跨越了传统产业边界实现了跨产业融合的产业组织关系重构。服务型制造作为制造业与服务业融合发展的新型产业形态，从更大的资源范畴进行整合，使产业经济活动中各个环节信息资源利用率提高、资源配置得到进一步优化，各产业部门和环节运营成本降低，产业链上下游透明度增加，进一步在产业层面促进了产业效率的提升，是助推制造业高质量发展、产业优化升级的重要路径。

以上五个基本特征表现了服务型制造的基本思想，服务型制造还具备与传统制造业不同的其他典型特征，如表 1-1 所示供读者思考。比如，服务型制造强调的是协同网络组织中所有利益相关方形成的制造服务系统的整体性成长、系统的价值最大化，而不仅仅是单个企业的个体竞争力；服务型制造转型需要利益相关方之间更紧密的合作，而不仅仅是基于产品的二元交易；服务型制造的创新来源于所有人，包括企业的不同部门、客户，而不仅仅是企业的产品研发人员，同时创新的牵头部门其实更偏向于前端与客户紧密联结的营销部门和服务部门，而不是传统的产品研发部门，等等。

表 1-1 服务型制造的典型特征

比较视角	传统制造业	服务型制造
观察视角	个体竞争	系统成长
战略导向	产品主导	制造—服务融合战略主导
决定价值的因素	价值是由生产者决定的（交换价值）	价值是由客户感知和决定的（使用价值）
关注对象	产品价值	客户价值
价值载体	物质产品	产品服务组合
价值主张	企业个体成本最低	系统价值最大
经济增长的动力	财富体现在对剩余的有形资源和产品的获得	财富的获得来源于专业知识和技能的应用和交换
供需间的相互作用	资源交易	参与交互和合作生产
内部合作方式	以独立部门为主	开展部门协作
人才偏好	面向传统制造技术	跨学科复合型人才
外部合作方式	松散组织	价值共创网络
创新主体	技术人员	所有人
创新组织部门	产品研发部门	营销部门、服务部门

资料来源：服务型制造研究院整理。

（三）相关概念辨析

中国服务型联盟和服务型制造研究院在面向政府和企业家的大量调研中，发现产业界和政府部门不仅对于服务型制造的概念不够清晰，同时也一直与我国同时推行发展的其他几个相关概念混淆，故而本节对服务型制造与服务业及其他先进制造模式的有关概念进行简单辨析，帮助厘清它们的区别并指导相关实践工作。

第一个是服务型制造与服务业相关概念辨析。在我国政策文件中，经常出现与服务型制造相关联的概念，如生产性服务业、制造服务业等。在产业融合发展的背景下，厘清它们的概念内涵和边界对于正确认知服务型制造和发展服务型制造具有重要意义（见图 1–9）。

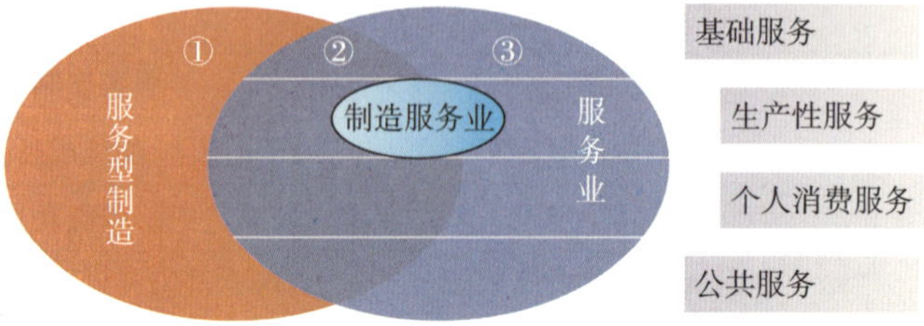

图 1-9 服务型制造与服务业相关概念辨析

资料来源：服务型制造研究院绘制。

我们以为客户提供的最终价值载体作为划分依据。服务型制造价值创造过程中的价值载体一般有两种表现形式：纯物理产品和集成解决方案，如个性化定制模式，虽然定制过程中强调服务投入，但是服务产出的价值载体一般为物理产品（如个性化定制的食品、服装），此类服务型制造活动一般与服务业没有重叠（见图 1–9 区域①）；集成解决方案是以服务创新的逻辑实现，旨在以服务活动实现价值传递（如提供按使用量付费的服务），此类服务型制造活动一般与服务业范畴有重叠。本书基于国家发展改革委产业政策司等部门的研究，将服务业分为基础服务、生产性服务、个人消费服务、公共服务四类，发现服务型制造与各类服务内容均有范畴重叠（见图 1–9 区域②）。例如：个人消费服务领域的出行服务，是汽车制造商在环境保护压力、城市化进程及现代生活方式演变的产业背景下，利用互联网等新一代信息技术，打造的可代替车辆所有权的移动解决方案；公共服务领域的区域智慧安防服务，是政府部门与安防设备供应商基于物联感知、人工智能、大数据等技术协同提供整体的区域安防整体解决方案；基础服务领域的信息通信技术服务，呈现由信息通信设备制造企业直接提供系统解决方案的趋势。

特别地，生产性服务领域通常被认为与服务型制造具有较高的关联性，产业界和政府相关部门对两个领域的概念和边界尤其模糊不清。生产性服务业最早由 Greenfield（1966）系统提出：生产性服务业是为企业、非营利组织和政府向生产而不是消费提供的服务。“十一五”规划中明确提出生产性服务业是主要面向生产者的服务业，并将生产性服务业分为交通运输业、现代物流业、金融服务业、信息服务业和商务服务业。学术界和产业界对于生产性服务业的统一认知从狭义上看主要包括作为三次产业中间投入的那部分服务，从广义上讲是指满足消费者最终消费需求的服务之外的所有服务。服务型制造与其相比，在以下两个方面存在不同。一是范围不同。服务型制造的主要覆盖范围是制造业和服务业；而生产性服务业的范围还可以是农业、建筑业、采掘业及其他服务性行业等更为广泛的经济部门。二是对象不同。服务型制造的服务对象可以是制造企业，也可以是最终个人用户，以增加各类产品的使用价值为目标；而生产性服务业的服务对象是企业，是为商品和服务进一步生产而提供的服务。但是值得注意的是，面向生产活动的制造企业通过服务型制造转型，由制造售卖产品到提供以服务为主的解决方案，实际上完成了从产品制造商向生产性服务业企业的跨越，也可隶属于生产性服务业的范畴，故而二者有交集（见图 1–9 区域②）。

此外，2021 年国家发展改革委、市场监管总局等 13 部门公布的《关于加快推动制造服务业高质量发展的意见》中提出的制造服务业的概念，是指面向制造业的生产性服务业。主要由两个部分组成：一是提供纯服务内容（如金融服务业、商务服务业等）的生产性服务业，二是基于产品服务集成解决方案的生产性服务业（如重卡制造企业提供的物流服务、空分设备制造业提供的气体服务、能源转换设备制造商提供的合同能源管理服务等），后者属于服务型制造的概念范畴，如图 1–9 中制造服务业区域所示。

第二个是服务型制造与其他先进制造模式概念辨析。近年来，关于制造业的转型升级有几个主流概念，如两化融合指的是信息化与工业化的融合、源自美国的工业互联网、基于德国工业 4.0 衍生的智能制造等。其中，工业互联网侧重于通过云计算、大数据、人工智能等信息技术赋能，通过工业互联网平台把设备、生产线、工厂、供应商、产品和客户紧密地连接融合起来，其核心是对人、机、物的全面互联，高效共享工业经济中的各种要素资源，实现互联互通；工业 4.0 的核心理念是：深度应用信息通信技术，推动实体物理世界和虚拟网络世界的融合，在制造领域形成资源、信息、物品和人相互关联的“信息物理系统”，从总体上掌控从消费需求到生产制造的所有过程，侧重于将信息技术与传统工业系统紧密结合，把工厂的数字化和智能化建设作为产业升级的核心，希望通过打造软硬件融合与虚实结合的“智能工厂”，全面提升企业生产运营效率；智能制造则“是基于 CPS（赛博物理系统）与软件定义技术，构建‘状态感知—实时分析—自主决策—精准执行—学习提升’的数据闭环，以软件形成的数据自动流动来消除复杂系统的不确定性，在给定的时间、目标场景下，优化配置资源的一种制造范式”[①]，侧重强调制造系统的智能性，从而提高制造过程的资源配置效率。

首先，可以看到，服务型制造与智能制造等概念的核心理念和融合主体是不同的：工业互联网从新一代信息技术向制造业延伸赋能制造企业，智能制造和工业 4.0 以制造系统为基础融合数字能力形成新型生产方式，它们都是新一代信息技术与制造业深度融合的产物，强调的是数字技术与制造业的融合；而服务型制造则是数字智能时代服务业与制造业深度融合形成的新型业态，强调价值共创，强调以服务思想引导制造

① “走向智能制造研究院执行院长赵敏：纵论工联网与智能制造的底层密码”，搜狐网 2017 年 10 月 22 日，https://www.sohu.com/a/199589846_680938。

业转型升级，强调服务业与制造业的融合。

显然，服务型制造与其他先进制造模式互有关联又不尽相同。关联之一在于制造业的转型升级和高质量发展是一个系统性工程，企业作为制造业发展的市场主体在转型升级过程中同样是系统性工程；而智能制造等模式注重的制造系统的数字化网络化和智能化改造，以及服务型制造注重的服务战略落地与服务业务体系构建，皆是这个系统工程中的一部分，紧密协同才能达成更好的效果。关联之二在于智能制造等模式与服务型制造在业务模式的表现形式上有部分交叠。例如，智能制造和工业互联网的业务模式中均含有服务延伸，这是因为在产品的数智化改造升级之后，生产的智能化产品必然具备一定的服务能力，故而工业互联网和智能制造的服务模式以产品的远程运维为主，属于服务型制造典型模式中全生命周期关联服务的范畴，是支撑产品正常运行的服务内容；再如，智能制造与工业互联网的业务模式中均含有个性化定制，尤其强调大规模个性化定制，这是基于大规模个性化定制的平台建设、制造系统的整体数智化改造升级以及智慧供应链的建设，使企业能够兼具高效率、低成本和基于定制的议价能力而构建的大规模个性化服务能力体系，与服务型制造的典型模式定制化服务的基本思想一致。此外，基于工业互联网平台、物联网、大数据等相关技术建立的企业间的工业物联网平台亦是服务型制造典型模式共享制造的范畴。

其次，服务型制造与其他制造模式除了在核心理念和融合主体不同之外还有其他三个方面的不同点。一是解决的问题不同：服务型制造解决的是供需对接的问题，通过价值共创挖掘市场需求、明确需求并提供解决方案更有针对性，主要强调商业模式的创新，用来告诉企业为什么生产产品、为什么提供服务；而其他制造模式解决的主要是技术问题，无论是赛博物理系统还是工业互联网锚定的是制造系统的优化升级、效率提升，强调技术体系的创新，用来告诉企业怎么生产产品更快更好。二是思维范式不同：服务型制造的思维范式是客户主导思想，强调的是先明确需求，通过服务内容满足需求，所以需要先构建服务业务体系，进而牵引产品创新和制造系统的变革；而其他制造模式的思维范式是产品主导思想，仍是产品创新和制造系统创新主导，服务属于附加物或延伸物。三是技术体系不同：服务型制造转型以制造服务系统为抓手，通过服务创新的共性技术体系完成产品服务组合的设计交付与部署、服务流程管理与优化、产品服务组合的质量可靠性保障、服务组织的构建与监管；而其他制造模式以人工智能、区块链、云计算、大数据、物联网等为关键技术体系整合原本制造系统，赋能制造系统的优化升级。

三、发展服务型制造的重大战略意义

中国共产党第二十次全国代表大会报告指出："高质量发展是全面建设社会主义现代化国家的首要任务。发展是党执政兴国的第一要务。""必须完整、准确、全面贯彻新发展理念，坚持社会主义经济改革方向，坚持高水平对外开放，加快构建以国内大循环为主体、国内国际双循环相互促进的新发展格局。""加快建设现代化经济体系，着力提高全要素生产率，着力提升产业链供应链韧性和安全水平，着力推进城乡融合和区域协调发展，推动经济实现质的有效提升和量的合理增长。"

服务型制造因其通过供给侧改革与客户完成价值共创而满足市场价值需求的基本逻辑，是本轮产业演化过程中产业融合发展的主攻路径，亦是中国式现代化新征程中加快构建新发展格局、着力推动高质量发展、构建强大韧性的现代化产业体系的核心抓手。

（一）服务型制造是以实体经济为基础，实现制造强国战略的重要支撑

制造业是实体经济的基础和核心，是构筑未来发展战略优势的重要支撑，增强制造业核心竞争力，是巩固壮大实体经济根基的题中之义。服务型制造是制造与服务融合发展的新型产业生产方式和产业形态，是制造业转型升级的重要方向，是制造强国战略的重要支撑。

服务型制造是全球制造业发展的大趋势和世界大国的重要战略方向。一方面，综观全球三次产业结构升级发展趋势，从 20 世纪 80 年代开始，世界主要国家都经历了以制造业为主向以服务业为主的产业结构变革，全球制造业发展呈现出制造业服务化的转型趋势。以美国为代表的发达国家产业结构已经形成了“两个 70%”现象，即服务业占 GDP 比重的 70%，生产性服务业占整个服务业比重的 70%。发达国家的实践经验表明，制造业的价值分布从制造环节向服务环节不断转移，服务正在成为制造企业利润的重要来源。需要注意的是，“两个 70%”代表的是产业融合发展趋势，而非绝对划分界限，需要结合国情特点，在保持第二产业合理比重的前提下推进产业升级，例如制造业发展水平更高的德国等国家仍然保持了较高比重的第二产业。另一方面，从全球竞争格局变化情况来看，发展服务型制造不仅是世界各国发展制造业的重要战略方向，也是各国争取或保持强国地位的发力点。从政策演化趋势来看，以美国为代表的发达国家发展成功的一个重要特点就是制造业和服务业的逐步融合。进入 21 世纪，发达国家纷纷在宏观层面布局制造业服务化战略，探索思考如何重振制造业，并把促进制造业与服务业

融合发展作为一项重要战略推进，如德国工业 4.0 项目、日本产业复兴计划、欧盟研发框架（FP5–FP7）计划、芬兰“创新服务”计划、英国“复杂产品系统创新中心”计划等。

服务型制造是我国制造业实现全球价值链跃升和产业高端化发展的突破口。全球新一轮科技革命和产业变革依然处于整合再造的过程中，产业竞争不再是单一制造能力的比拼，而是制造能力与服务能力融合升级的竞争。在产业核心能力转向制造与服务融合的过程中，全球产业价值链也发生变迁和演化，服务型制造帮助企业与研发、设计、运营和服务等环节紧密结合，助力制造业企业从单纯的组装加工环节向“微笑曲线”两端移动，提升价值获取能力，促进价值链整体升级。同时，基于大数据、人工智能、物联网、云计算、5G 等为代表的新一代信息技术，服务业与制造业正在加速深度融合，产业核心能力的范畴亦在不断革新，例如汽车产业已经开启了全面转向智能出行服务的新阶段，以特斯拉为代表的跨国公司更适应对市场需求的响应，开放电动车各项技术以构建服务生态，不仅冲击传统汽车产业竞争格局，也正在加速重塑出行产业，使传统汽车制造业向高端出行服务行业转型。

服务型制造是增强产业链、供应链安全性和稳定性的主要发展路径。一方面，服务型制造可以提高企业资源互补水平，稳固深化合作关系。通过开展服务型制造，基于价值共创的核心思想、供需间的合作关系以及利益相关方的伙伴关系会更加紧密，供给侧围绕顾客需求进行生产资源整合。细分领域专业化企业和机构类型丰富、数量众多、能力多样，各层级的大中小企业协同联动，形成更高效、更稳健、更持续的供给网络，可显著降低生产成本和交易成本，提升产品和服务的附加值，提升对经济波动风险的应对和防御能力。服务型制造的典型模式如供应链管理模式，基于龙头企业的经验与能力，可以对有采购、管理库存和供应链等需求的企业，提供集中采购、供应商管理库存（VMI）、精益供应链等供应商管理服务，同时有助于“链主”企业更强有力地整合供应网络、提高供应体系的协作效率以及稳定性和安全性。另一方面，服务型制造具有更强的适应性和灵活性，可以提高对经济变化的响应速度与风险防范能力。服务型制造可以通过畅通不同层级和主体的信息传递渠道，集中汇聚经济运行数据和信息，为产业链上下游企业协同整合调动资源布局、建设风险防范屏障、推进风险应对措施等方面提供有力支持，提高经济系统抵御经济波动风险的整体能力。特别是数字技术的发展，使产业组织边界被打破，传统价值生产过程被颠覆，生产不再由企业独自完成。企业通过在生产关系层面借助数字化手段开展合作，实现创新能力共享、制造能力共享、服务能力共享，有助于降低全产业链组织成本，提高资源配置效率。例如开展协同制造和共享制造，企业基于工业互联网平台盘点、剥离、集成、整合闲置的制造能力和资源，按使用时间、价值或按工件数量等计费方式，面向全行业提供制造资源社会化共享服务，实现制造资源的泛在联结、弹性供给和高效配置，有力提升了制造能力的集成整合、在线分享和优化配置水平。

（二）服务型制造是以产业融合为根本，建设现代化产业体系的关键抓手

服务型制造以环境和社会的和谐发展为主线，以市场价值需求为导向，以数字技术的普及应用为支撑，以服务要素重塑制造价值链，实现制造与服务融合发展的新型产业生产方式和产业形态。发展服务型制造大力推动了制造与服务融合、实体经济与数字经济融合、产业整体绿色化转型，是建设现代化产业体系的关键抓手。

服务型制造是推动服务业与制造业深度融合的核心路径。服务型制造是加速先进制造业和现代服务业融合的产业实施基础，是实现两业融合的实践主体。首先，服务型制造夯实制造业作为两业融合创新的基础地位，以制造业为本体，在促进技术、信息、资金等高端要素密集进入生产制造过程的同时，提高了服务要素的投入水平，为制造和服务的深度融合提供契机，将融合绩效集中表现为创新服务业务的能力提升，并以此反哺制造能级水平的提升，有助于制造业核心能力不断跃升。其次，服务型制造推动制造和服务在价值链不同环节深度融合和创新孵化，推动单纯制造向全生命周期各环节延伸，推动价值链从低端向高端延伸，为研发、设计、加工、组装、测试、运营、服务等不同环节之间的延伸、渗透、创新提供了基础，不断创新业态组合。此外，服务型制造为两业融合创新提供更为广阔的实践空间，先进制造业和现代服务业领域广泛，交叉融合领域越来越多，特别是我国工业门类齐全，业态融合创新正处于蓬勃发展阶段，两业融合发展空间巨大。发展服务型制造，重塑制造业价值链，是增强产业竞争力、推动制造业由大变强的必然要求。

服务型制造是促进数字经济和实体经济融合的主战场。一是信息数字技术的融入助力制造企业开创更多服务型制造创新服务模式。企业借助数字化处理和分析手段，结合产品特点和具体应用场景开展各种具体的服务型制造活动，形成如个性化定制、系统解决方案、远程监测、预防性维护、产品远程升级、软件化智能服务等能力输出。例如，产品全生命周期管理中的运行状态远程监测、预防性维护服务，就是基于数据的服务型制造典型案例。二是服务型制造为制造企业发展数字化提供更多应用场景。根据国家级服务型制造示范遴选不完全统计，目前我国服务型制造应用场景超过了十大行业门类，涵盖 70 多个细分行业，关乎衣食住行用的方方面面，为数字化提供更多应用场景，激发更多市场新需求。例如，在消费服务领域，服务型制造可作用于服装定制服务、全屋家居定制服务、食品定制服务、绿色出行服务、中医大健康综合服务等；在工业服务领域，包括工业气体服务、余热利用服务、机加工全生命周期管理服务、园区能源管理服务、智能仓储物流服务等；在公共服务领域，环卫一体化服务、区域安全监控服务、区域医疗检验检测服务、区域综合发电服务、区域消防服务等已经被广泛推广。丰富的服务型制造场景为数字技术提供了延伸和拓展的空间，让数字技术有了更多的“用武之地”，在推动产业数字化进程的同时，也加速了数字产业的壮大和发展。

服务型制造是促进产业整体绿色化转型的重要途径。一是服务型制造精准获取需求，搭建供需匹配通路，极大减少对环境资源的浪费。传统制造业是根据自己对市场的理解和判断，大量地生产产品并寄希望于市场能够购买所有生产出来的产品，但是在当今供给大于需求的红海竞争的境况下，海量的产品没有市场接受则造成了极大的资源浪费。而服务型制造的基本思想是客户导向型思维，强调满足市场的有效需求，针对客户的需求提供恰当的产品和服务，不会过度生产制造产品，从源头上极大减少了对资源的浪费。二是服务型制造作为循环经济的践行者，系统性推动供需的全链路绿色化转型。在“减量化、再使用和再循环”的循环经济思想引领下，服务型制造贯通生产全流程，在原材料采集、可持续服务体系设计、绿色制造、可持续使用、回收再利用的闭环内实现绿色全流程服务体系，推动供需全链路绿色化。典型例子如高端装备制造业，传统制造业售卖产品后因为产品所有权转移至客户后，不会关注产品的全生命周期，当产品无法提供给客户好的使用体验的时候经常被废弃；而服务型制造是以产品为载体搭载服务体系满足客户需求，需要关注整套客户解决方案的全生命周期，不仅需要更长久地维持产品的正常运转，在产品提供服务后也会进入再利用、再制造等环节，极大延长了产品的生命周期，提高了自然资料的复用率。三是服务型制造对于优化市场要素配置，提高要素配置效率亦有极大的促进作用。服务型制造创新生产组织方式，系统性地集成利益相关方的能力体系，以具备更强的服务能力并获取市场竞争力。尤其是在行业中构建工业设计平台、共享制造平台等产业公共服务平台，极大地提升了行业的资源配置效率，降低了同质化资源的重复配置，对于优化市场要素配置、促进资源节约集约利用有极大的促进作用。

（三）服务型制造是以高质量发展为主题，构建双循环发展格局的核心路径

积极推动服务型制造的发展，对深化供给侧结构性改革与需求侧管理的有效协同、畅通“大循环”“双循环”、构建紧密合作伙伴关系、开拓发展新格局具有重要的促进作用。

服务型制造以需求牵引供给、供给创造需求，畅通国内需求循环体系。服务型制造不仅助力扩大内需，而且助力供给侧的产业链、供应链更好地循环，更好地创造价值需求，提升与需求侧的适配性。服务型制造促使供给侧更加贴近需求侧，从客户的价值需求出发，让融合消费替代分离消费、集成服务市场替代单一产品市场，让单次交易转变为长期服务过程，通过对市场需求及产品应用场景进行更为细致的画像，主动建立客户与企业的互动纽带。在充分有效了解真实使用场景基础上，不断挖掘和激发潜在与模糊需求，从而拓展出更多细分市场，助力用户实现最大程度的体验需求满足，从而创造更高的价值。比如，通过个性化

定制服务可以实现用户参与设计、个性化设计、交互设计等，可以充分挖掘和动态地满足消费者的个性化需求。如意、雅戈尔、波司登等服装制造企业，依托个性化定制平台，通过门店、网购等渠道收集客户群的个性化需求，更为精准地为客户提供个性化定制服装，极大促进了服装行业的需求规模扩张与需求升级。

服务型制造创新经济动能转化方式，深化供给侧改革。服务型制造并非“脱实向虚”，而是在不断夯实制造能力基础上与市场需求变化的联系更紧密，形成自发的动能更新机制，加速产业动能迭代更新，保持产业增长活力，支撑经济持续高质量增长。服务型制造是新旧动能转换的关键路径之一，新的服务技术、新的生产组织形式、新模式、新业态是服务型制造转型的直接结果。服务型制造可以从整体把握产业发展态势，发现增长动力变化趋势，突破传统制造业的产品主导模式，对企业战略管理思维和商业环境变化进行创新，从而融入新的制造和服务融合生态，持续孕育新模式，为产业资源向增长强劲、需求旺盛的产业环节调配提供依据，加速新优势培育进程。并通过强化服务收入，帮助企业形成新的利润增长点，形成持续稳定的企业营收，即使设备售卖受到宏观市场影响，也可以通过服务营收为企业提供相对稳定的营收与利润来源。制造商通过纵向整合产业链转变为提供集成解决方案的制造服务商，由原本单纯覆盖生产制造活动向后端拓展，主导销售、维修保养及产品的管理运营，为客户提供基于产品的长期的高级服务。例如，企业通过提供合同能源管理服务，能源转换设备制造企业不再单纯地提供产品，而是提供长期基于能源转换设备的热能收集再利用等服务，在纵向延伸自己业务范围的，同时也与客户共同创造更高的价值。近年来受国际形势和疫情波动影响，能源转换设备制造商的营收和利润持续走低，然而西子洁能等高端装备制造类企业因与客户签订长期服务合同，通过合同能源管理等商业模式，在疫情期间整体营收非但没有降低，反而逆势增长，营收和利润增长远超同行业没有向服务型制造转型的企业。

服务型制造有助于增进全球产业合作高质量伙伴关系，带动国际大循环。新发展格局不是封闭的国内循环，而是开放的国内国际双循环。在贸易摩擦和新冠疫情暴发的双重影响下，服务型制造通过创新产业组织方式，有助于在国际上建立长效协作机制。拓宽国内国际双循环的服务型制造新领域，加强与“一带一路”沿线国家的合作，能够深度融入全球产业链分工体系；同时，通过创新服务型制造合作方式，搭建多层次国际交流合作平台，推动服务型制造“引进来”和“走出去”，能够进一步推动全球服务型制造产业合作生态建设，利用全球服务型制造要素和资源，增强我国产业在全球产业链、供应链、创新链中的影响力，提升在国际产业治理中的话语权。在企业层面，服务型制造转型制造企业通过单纯的产品出口向服务贸易的集成解决方案提供商转变，通过与国外客户和供应商体系的长期合作不断强化国际链接，形成相对稳定的全球供应链和客户关系，助力强化企业在全球价值链中的地位。简言之，推动服务型制造发展，有利于在提升国内循环的质量和效率的基础上，构建国际利益共同体，助力构建以国内大循环为主体、国内国际双循环相互促进的新发展格局。

服务型制造的出现和发展有其历史的必然性，从工业经济时代到数字智能时代，生产性活动的基本性质及产业的本质并没有改变，但是随着人类对产业认知的深化和经济技术手段的突破，产业演化的进程日益加速、程度日益深化、内容日益丰富。作为“革命性”的产业创新形式，产业融合已成为价值的主要增长点和经济增长最具活力的源泉与动力。服务型制造是新时代中国特色新型工业化道路的积极探索，也是高质量发展的内在要求。受单边主义、贸易保护主义及新冠疫情的影响，国际环境复杂性与不稳定性加剧，加快推动我国服务型制造发展，对提高我国产业在全球产业链、价值链中的地位和国际竞争力至关重要。

如今，在以信息技术为核心的高新技术快速发展和扩散的时代背景下，基于工业经济时代大规模生产分工的产业边界正逐渐消融，制造业与服务业的跨产业融合成为产业发展的必然趋势。服务型制造虽然源于发达国家的制造服务化，但更是制造服务化基于我国产业实践形成的中国特色的概念。服务型制造以价值共创为基本逻辑，吸纳制造与服务双向融合的发展路径，强调提供具有高附加值的产品服务组合，构建制造与服务融合的价值共创网络，是制造与服务融合发展的新型产业生产方式和产业形态。服务型制造不断刻画更为精准的市场价值需求，并整合产业资源，更为精准地搭建供需对接渠道，促进供需的联通和适配，是构建我国强大韧性的现代化产业体系的核心抓手，亦是以产业融合的手段形成更加合理、更加精准的新一代分工体系的主攻路径。

参考文献

[1] Baines T. S., Lightfoot H. W., Evans S., et al. Product–Service System[J]. Proceedings of the Institution of Mechanical Engineers Part B Journal of Engineering Manufacture, 2007, 221(10): 1543-1552.

[2] Greenfield,H.L.. Manpower and the Growth of Producer Services[M]. Columbia University Press, New York, 1966.

[3] Mont O., Lindhqvist T.. The Role of Public Policy in Advancement of Product Service System[J]. Journal of Cleaner Production, 2003, 11(8): 905-914.

[4] Vandermerwe S., Rada J.. Servitization of business: Adding Value by Adding Services[J].

European Management Journal, 1988, 6(4): 314-324.

[5] Vezzoli, C., Ceschin, F., Diehl, J. C., & Kohtala, C.. New Design Challenges to Widely Implement Sustainable Product–Service Systems. Journal of Cleaner Production, 2015, 97, 1-12.

[6] 李靖华，刘树龙．何谓制造服务化——基于双案例探索的质性研究 [J]. 创新科技，2020，20（10）：1-15.

[7] 李晓华，刘尚文．服务型制造内涵与发展动因探析 [J]. 开发研究，2019，201（2）：94-101.

[8] 孙林岩，李刚，江志斌，郑力，何哲 .21 世纪的先进制造模式——服务型制造 [J]. 中国机械工程，2007，18（19）：2307-2312.

第二章

世界主要国家服务型制造发展经验

20 世纪 90 年代前后，欧美发达国家的制造龙头企业呈现出典型的产品与服务集成、制造与服务融合的趋势。它们占据研发设计与营销服务等技术、知识高度密集的环节，掌控全球市场营销渠道，将生产装配等附加值较低的活动外包给发展中国家。制造服务化不仅帮助欧美头部制造企业继续巩固在全球制造价值链中的领先地位，也在学术界的总结和推广下引导欧美发达国家产业整体向制造服务化方向发展。30 多年来，尤其是近年来在数字技术的加持下，制造与服务融合的进程得以加快，世界主要经济体都基于各自产业基础形成了独特的产业融合发展之路。

本章旨在通过了解国际上主要国家战略导向、企业转型两个层面挖掘其通过产业融合助力产业优化升级的典型经验，用以借鉴和指导我国相关领域的对策措施。本章共分为三节：一是总结发达国家产业融合发展典型经验，为我国服务型制造发展提出相关建议。基于《全球服务型制造发展指数报告（2022）》研究成果（附件四），美国、德国和日本的服务型制造发展情况居于 11 个主要经济体的第一梯队，所以重点梳理了美国、德国、日本等发达国家产业融合发展战略，并从发展服务型制造的制造业根基、发展服务型制造所需的生态建设情况以及发展服务型制造所取得的成效三个方面将我国现状与发达国家进行对标分析，从中总结差距，吸取经验。二是提炼世界先进制造企业转型之路，指导我国企业实践。总结归纳国际领先跨国制造企业在制造服务化路径的典型做法，为我国企业转型升级提供前沿思路。

一、发达国家产业融合发展经验

虽然我们对于世界上主要经济体的经济发展情况和制造业发展情况有清楚的认知，但是服务型制造强调的是制造与服务融合发展，如何正确认知和评价各国产业融合发展的进程在此之前是缺乏客观、科学的评价体系来衡量的。在工业和信息化部产业政策与法规司指导下，《全球服务型制造发展指数报告（2022）》（以下简称《报告》）由中国服务型制造联盟、服务型制造研究院联合研究并发布，是我国首次对全球主要经济体服务型制造发展指数进行分析和研究。《报告》从发展服务型制造的制造业根基、发展服务型制造所需的生态建设情况以及发展服务型制造所取得的成效三个方面，分 15 项指标对各国服务型制造发展现状展开评价。《报告》从世界上由大众广泛认可的专业数据网站收集整理客观数据，在指标体系构建、专家打分赋权的基础上，形成基于客观数据的评价方法，旨在从制造与服务融合的视角看待各国经济发展现状，从而正确地评估世界主要经济体的服务型制造发展现状。

《报告》指出，自 2016 年以来，服务型制造发展指数除美国出现 2% 以上的降幅外，其他国家均保持一定增速或基本稳定发展态势。但美国服务型制造发展程度依旧遥遥领先，稳居世界第一；德国和日本分列第二和第三位，以上三个国家位列第一梯队。这也是为什么本书重点分析美、德、日三国的产业融合发展战略及其产业现状的关键指标数据的核心原因所在。但是值得称赞的是，我国自 2016 年以来，尤其是工业和信息化部等三部门联合发布《发展服务型制造专项行动指南》以来，产业界对于服务型制造以及产业推广的认知有极大的提升，使我国从 2016 年到 2021 年间以 13% 的增速逐步超越英国、法国以及韩国，从第二梯队的末位在五年内成长到第二梯队的首位，于 2021 年的排名中位列第四。

值得注意的是，如第一章所说，服务型制造的本质是产业融合发展的主攻路径，服务型制造在各国的表现形式和应用词汇不尽相同，各国制造业与服务业的融合发展依据自身产业特色和技术储备优势，形成了独特的发展战略，以下就美、德、日等国关于制造与服务融合在国家战略层面的探索举例说明。

（一）美国：以工业互联网赋能制造业服务创新

强化信息赋能并实施“再工业化战略”，加速服务型制造发展，以先进制造和工业互联网引领制造业数字化创新和服务化创新发展。美国高度重视工业互联网在产业融合发展中的引领地位，以实现制造业全球领先为最终目标。

早在 2014 年 3 月，美国通用电气公司（GE）跨界联合美国电话电报公司（AT & T）、思科公司（Cisco）、国际商业机器公司（IBM）及英特尔（Intel）等公司成立工业互联网联盟（Industrial Internet Consortium，IIC），该联盟与国际标准化组织（ISO）、国际电工委员会（IEC）等全球多个知名行业组织形成合作关系，成为全球工业互联网的重要推进力量。2015 年，IIC 发布工业互联网参考架构，系统性界定工业互联网架构体系。2017 年，IIC 发布 1.8 版的工业互联网参考架构，融入新型工业物联网（IIoT）技术、概念和应用程序。2021 年，IIC 发布了全球工业互联网行业标准白皮书，为工业互联网标准的开发和使用提供行业指导。美国以工业互联网作为生产性服务业的核心抓手，极大地促进了产业融合发展的进程。

同时，强化研发设计服务与其他生产性服务如信息服务、金融和商务中介服务，通过技术进步加速了制造业和服务业的融合发展，实施了“服务先行”的出口政策，有力地支撑了美国将处于价值链中低端的制造环节向国外转移，将高端制造业保留在国内。美国为了鼓励研发服务业，出台了按照研发费用的一定比例（20%）减免税收和退税等政策，特别是围绕发展高科技技术，形成了有名的硅谷高新技术生产性服务业集群；除了制定“信息高速公路计划”、推动发展信息服务业外，美国还高度重视推动政府和私营企业开展多种方式的合作，确保私营企业在信息资源开发战略中的主导地位。美国政府采取的一系列措施，极大促进了服务业发展，使美国成为全球生产性服务业国际中心，有力推动了国内制造业专业化、高端化和国际化。

近年来，随着美国制造基础的衰退和创新能力减弱，美国强化“再工业战略”，以先进制造业发展为重点任务，确保制造业全球地位名列前茅。2018 年，美国发布《美国先进制造业领导力战略》，将保持先进制造业领导力上升为国家战略，以期占领先进制造业未来制高点。2019 年，美国发布《美国将主导未来产业》战略规划，将先进制造业列为推动经济繁荣与保护国家安全的四大未来产业之一。2020 年 6 月，美国总统科学技术顾问委员会发布《关于加强美国未来产业领导地位的建议》，对以先进制造业为代表的未来产业进行了具体部署。有学者观点指出，美国针对先进制造业出台的系列战略规划均以“保持美国先进制造业领导力，确保国家安全和经济繁荣”作为长期愿景，在重视面向未来的制造技术、探索建设新型研发机构、提升国内制造业供应链能力、营造良好的产业发展环境、教育和培训未来劳动力、开展针对性竞争与合作等方面进行了具体部署。

作为全球第一强国，美国集中了全球制造和服务产业众多优秀的企业，无论是在半导体设备、医药制造、航空航天等高技术制造产业，还是研发设计、电子商务、现代物流及金融服务等现代服务业，都形成了一批全球领先的跨国企业。结合服务型制造发展指数，总的来看，美国在全球领域内具备绝对的发展优势，无论是制造基础还是生态建设皆是名列前茅，其产业融合的发展成效更是遥遥领先，根据《报告》数据，2021年美国发展成效以69.14分的绝对优势领先第二名德国17.76分。

美国高度发达的服务业为制造服务化提供了充分的数字技术、服务环境及人才体系的支撑。据世界银行统计，美国营商环境指数连续多年得分在80以上，略胜德国和日本一筹；而其服务人员总量占总就业人口的比重是全球主要经济体中唯一超过80%的国家，为制造业的高技术服务人才体系的建设孕育了丰沃的土壤。最为关键的是，从国际电信联盟的统计数据来看，美国信息通信技术使用指数五年平均79.6分，对于制造业的信息化和数字化的普及与应用带来了极大的支撑作用，因此美国制造业企业的数字化与服务化转型更为普遍。

美国的制造业同样基础实力雄厚。根据世界银行数据显示，尽管美国制造业增加值在其GDP中的比重不足15%，但其总量仅次于我国，是全球第二个制造业增加值连续多年维持在万亿美元以上的国家（以各年现价美元计）。同样，世界银行数据显示，虽然美国国土面积较大，制造业规模相对于德国和日本更大，但是美国高技术产业（制造业）增加值仍然在制造业增加值中占有相对较高的比重，2020年的比重为46%，稍弱于德国、日本的60%占比。

由此可以看到数字服务体系赋能的美国制造业正在加速与服务业融合，其成效也最为显著。不论在企业、产业，还是国家层面的指标，美国均有明显的优势。通过梳理世界制造业500强榜单的企业财务信息，搜集整理相关的企业服务收入数据，发现美国企业服务营收占所有企业的总营收比重保持在35%以上，德国、日本均在30%左右。以服务营收占比超过30%（中国国家级示范企业标准）作为标准认定某制造企业为服务知名品牌发现，美国的领军企业数量也是世界第一，服务品牌具备较强影响力。而在单个企业服务营收占比方面，世界制造业500强中服务收入占比达到15%的美国企业数量远高于德国、日本两国。在产业服务要素投入与产出方面，以经济合作与发展组织（OECD）编制的2018年投入产出表计算的制造业服务化指数与制造业服务投入强度指标为根据，发现美国均领先德国、日本1个百分点以上。同时，美国的服务出口额遥遥领先于其他国家，2021年美国服务出口额高达7900亿美元以上，我国以3920亿美元位居第二，德国以3770亿美元列第三位。

（二）德国：强化制造、数实融合，推动智能服务创新

坚持一体化综合服务方案，以数字化战略和智能服务推动制造业服务化转型。德国重视数字化战略与智能服务，通过数字技术推动制造业智能互联，实施“智能服务世界”促进计划改善社会环境。

实施数字化战略推动制造业转型。2013年4月，“工业4.0”工作小组向德国联邦政府提交了《保障德国制造业的未来：关于实施工业4.0战略的建议》报告，试图将德国企业数字化转型模式打造为产品个性化与高附加值相结合的标杆，同时强调融合服务要素推动制造业转型发展。根据《2016世界制造业重点行业发展动态》，2014年德国发布“新高科技战略”，该战略不仅包括技术创新，还涵盖了从创意产生到转化为商品和服务的全过程，其中“数字经济与社会”领域下设智能

服务、智能数据、云计算等多个子领域。2020 年 9 月，德国发布了《数字化实施战略》的第五版，对 2016 年的“数字战略 2025”进行了更新，仍然重点发展数字基础设施、人工智能以及量子技术等方面。

通过工业 4.0 战略，德国积极推动装备制造业服务化，致力于从提供制造业产品制造到提供一体化解决方案。在产品提供方面，主要出口产品包括汽车整车、电气设备、运输设备、电子产品等成套装备，以及精密机床、机械模具、基础零件等细分产品。在一体化方案方面，针对全球不同客户意见及要求，提供产品研发设计—生产制造—终身维修—系统更新等全生命周期解决方案。与美国制造业相比，德国服务型制造发展相对较弱，以制造和销售高端产品为主，对围绕产品的服务价值挖掘不够充分。但是德国基于机电的强大基础和嵌入式相关技术储备进一步强化了新一代信息技术与高技术产品的深度融合，并基于此开展智能产品的故障预警、远程诊断、运行优化、预测性维护、远程升级等服务，加快推进制造和服务现代化、系统性整合。

推出“智能服务世界”计划。2015 年 3 月，德国国家工程院发布“德国工业 4.0”后续规划报告《智能服务世界 2025》的精简版《智能服务世界》，提出建设智能服务实施平台和智能服务创新平台，其中智能服务实施平台涉及机械装置、健康和医疗等智能服务应用领域，注重推进智能服务实践分享。中国科学技术信息研究所孙浩林撰文介绍，2016 年开始的“智能服务世界Ⅰ”资助了 20 个项目，这些项目基于智能、互联技术系统，开发新的数据应用形式，以提供更多的智能服务；其后德国经济和能源部推出“智能服务世界Ⅱ”，共投入 5000 万欧元资助智能服务相关项目。

德国最为突出的是其不断演进迭代的制造业基础实力。在众多发达国家中，德国的高技术产业增加值占制造业增加值的比重高达61%，位居第一，也凭借多年人均制造业增加值最高（根据联合国工业发展组织数据库数据显示，德国五年均在8000美元以上），保持德国制造业的高质量发展。德国制造业虽然规模不及中国和美国两个制造大国，但在制造业贸易世界影响力方面，根据联合国工业发展组织数据库指标数据显示，德国制造业贸易世界影响力五年连续获得第一，平均指数为0.48；而我国排名第二，平均指数为0.38，可见影响力差距仍然显著。就综合制造业质量与体量而言，德国拥有世界排名第一的制造基础。

德国在不断强化制造基础的同时，近年来也在不断加强生态建设。德国的五年平均79.6分的营商环境得分稍落后于韩国与美国，排名第三；在OECD的数据库中的服务业贸易限制指数（STRI）中，德国的服务业开放程度值达6.3分，略高于日本，远高于其他国家，对于外来高技术服务的引入尤其重视；特别是，近年来德国加强对数字技术的重视，其信息通信使用指数在五年间以14.1%的增速增长至81.5分，与美国仅差0.5分。制造业不断融入数字技术以强化服务能力的成效不断显现。

在发展成效方面，在观察世界制造业500强榜单时，德国企业服务营收占所有企业的总营收比重保持在30%以上，仅落后于美国；在一国制造企业知名服务品牌数量上，德国在2021年以17个仅落后于美国的34个及日本的20个，排名第三；在产业服务要素投入与产出方面，以OECD编制的2018年投入产出表计算的制造业服务化指数与制造业服务投入强度指标为依据，发现德国仅落后于美国，但略高于日本0.2个百分点，且远高于其他国家；服务出口方面稍逊一筹，但是2021年仍然排名第三，约为第四名日本的2.2倍。

（三）日本：制造、服务、数字、生态统筹发展

21 世纪以来，日本部分制造领域开始全面实施服务化转型。面对全球制造业发展的新趋势，迫于全球产业分工格局调整和国际竞争加剧的趋势，在消费信息、通信设备、装备机械等领域，一批日本的服务化先驱开启了战略转型，拓展服务业务已成为企业战略转型的核心内容。随着工业进程不断加快、数字技术不断发展及服务业的不断成熟，日本以生产性服务业高互动性、数字技术研发和互联工业全面推进制造与服务融合。日本的生产性服务业与其他产业互动较高，服务业的快速发展源于承接国际制造业的梯度转移，在促进制造业升级方面主要以研发设计为突破口，通过大力发展生产性服务业，促进产业结构的轻型化。2016 年日本出版的《制造基础白皮书》提出，“日本政府敦促企业经营者，要基于市场变化来促进经营创新；产品附加值要从‘物’转向‘服务’解决方案；仅仅生产‘物品’已经无法更好地生存”。此白皮书提到的这种商业模式的变革，与服务型制造的商业模式创新逻辑基本一致。

锚定社会环境友好型生态建设，强化数字技术赋能制造与服务融合发展。2016 年，日本发布《第五期科学技术基本计划》，提出率先建成“超智能社会”（Society5.0）的愿景，以人工智能、大数据、物联网等为代表的信息通信技术成为支撑 Society5.0 的关键共性技术，强化数字经济发展以及社会环境友好型生态建设。2016 年 4 月，日本经产省发布了“新产业结构蓝图”中期整理方案，指出在物联网、大数据、机器人等技术的推动下，金融、医疗、教育、能源、物流和制造业等领域将创造出新服务。2017 年 3 月，日本人工智能技术战略委员会发布了《人工智能技术战略》，明确提出聚焦生产、健康医疗护理、空间移动、信

息安全4个重点领域，制定人工智能产业化发展路线图，加强人工智能对新服务和新产品的技术支撑。2021年6月，日本内阁府提出《AI战略2021》草案，面向Society5.0建设等战略需求，在研究开发、支持中小企业的数字化转型、数字化政府、数据基础设施等方面提出新的政策措施。2017年3月，日本首相在德国汉诺威消费电子、信息及通信展览会上提出“互联工业”战略，重点关注企业之间的联结，注重通过合作与协调应对工业新挑战。中国工业和信息化部装备工业发展中心研究员尹峰撰文介绍，为落实“互联工业”战略，日本经产省支持日本机械工程学会等成立了工业价值链促进会（IVI），致力于解决制造企业之间的“互联制造”问题，实现互联互通，建设“互联工厂”的生态格局。2018年3月，IVI发布了《日本互联工业价值链的战略实施框架》，提出新一代工业价值链参考架构（IVRA-Next），成为日本产业界发展互联工业的行动指南。

结合具体指数来看，日本综合发展指数排名第三，虽然不像德国的制造基础与美国的发展成效在某一项尤为突出（生态建设方面韩国最佳），但日本重在均衡发展，在制造基础、生态建设和发展成效上均名列前茅。

从制造业发展来看，日本连续五年的高新技术产业增加值占制造业增加值比重高达57%，仅次于德国与韩国位列第三，高新技术产业的高占比是日本保证制造业质量稳居前列的重要支撑。同样，在彰显制造业质量的另一个指标——人均制造业增加值上，日本连续五年超过7000美元，也是仅次于德国与韩国而排名第三。在制造业体量上，日本同样排名靠前，日本拥有接近万亿美元体量的制造业整体增加值，仅落后于中国的4.8万亿美元与美国的2.5万亿美元而排名第三，即使日本在国土面积与自然资源禀赋上与其他发达国家乃至发展中国家相比显得相对不足，但其仍拥有较大规模的制造业基础。在制造业贸易世界影响力指标中，日本以年平均指数 0.32 的数据与美国、韩国等发达国家基本持平，位于第一梯队。可以看到，在衡量制造基础能力的几项关键指标上，日本都平均排名第三，取得了不俗的成绩。

从助力融合发展的生态建设来看，日本同样表现出色。2021 年，营商环境分数达 78 分，落后于韩国、美国的 84 分及德国的 79.7 分，排名第四；服务业开放程度分值达 6.21 分，仅落后于德国的 6.35 分，排名第二；根据联合国教科文组织公布的研发数据来看，日本一国研发支出占 GDP 比重高达 3.26%，落后于韩国与美国，排名第三；技术服务人员总量占就业人员比重高达 73.47%，仅落后于美国的 80.81%，领先于德国的 71.60% 而排名第二；基于国际电信联盟数据库数据（通过 ITU 数据库中的连接性指标构建），日本信息通信技术使用指数达 83.40 分，仅落后于韩国的 89.10 分，排名第二；在生态建设方面，日本更加优异，大部分指标排名第二，少数其他指标仍排名靠前，且差距微弱。

在发展成效中，日本依然表现不俗，其一国制造企业知名服务品牌数量多达 20 家，仅落后于美国的 34 家而排名第二；一国制造企业服务营收占世界制造业 500 强总营收比重达 28.15%，仅落后于美国的 36.19% 与德国的 32.25%，排名第三；同样，日本的制造业服务化指数为 3.85，仅落后于美国的 5.02 与德国的 4.08 而排名第三；制造业服务投入强度为 6.55，与排名第二的德国的 6.58 基本持平。综上，日本注重的是均衡发展、全面提升，统筹数字技术、制造基础、服务业务及生态建设等多个维度，已经形成了全球领先的制造与服务融合的发展态势。

至此我们可以发现，在国家战略层面，无论是美国重点发展的工业互联网和生产性服务业、德国重点关注的工业 4.0 和数字智能服务，还是日本聚焦的数字技术与生产性服务结合，强调的都是制造业与服务业的融合发展，只是技术路径各有侧重。反观我国现状，在国家顶层设计上，虽然强调制造业与服务业融合发展，但其实并没有明确的抓手；数字经济虽为国家战略，但数字经济的发展更多偏向以数字技术赋能制造业效率提升、关注智能制造与工业互联网等制造能力，却忽略了服务能力体系建设。美、德、日等发达国家的经验告诉我们，未来的制造业不能只卖产品，形成更能满足市场需求的高附加值的集成解决方案才是企业发展甚至产业转型升级之道。党的二十大报告提出，构建优质高效的服务业新体系，推动现代服务业同先进制造业、现代农业深度融合。我们认为，在数字经济新时代产业融合发展、服务业新体系的构建过程中，服务型制造是极为关键的发展路径，亟须通过服务型制造引导市场供需适配，进一步带动供给端创新服务供应体系，从而牵引制造业转型，并辅以智能制造、工业互联网等新时代制造模式赋能效率升级。

二、全球领先企业服务型制造发展经验

本节进一步从企业维度阐释发达国家的典型经验，制造服务化从领先跨国制造业企业开始实践并由相应专家学者发现，并进一步推广。本节就领先企业实践形成的制造服务化基本路径进行分段解释。在阐明核心路径的基础上，凝练两条关键经验，世界先进企业往往都是从组织顶层思维方式率先转变，而后依据服务战略开展服务业务创新、商业模式创新等。以下在总结经验后举例说明了行业优秀企业的典型做法，供我国打算或正在从事服务型制造的企业参考学习。

（一）转变思维方式，从价值创造到价值共创

发达国家制造服务化的应用范围一般为制造企业，尤其是领先跨国企业和行业隐形冠军企业等，故而在本节讨论的制造服务化路径其实更为精准地描绘了制造业企业服务化转型过程中的典型路径。虽然与国内服务型制造的实践范畴相比偏小，但是因为起步较早，服务体系更为精准和领先，企业实践的思想理念、操作方式以及对于客户的培养也都更为成熟。可以看出，无论是制造服务化还是服务型制造，其核心思想都是价值共创，但是对于价值共创理念，相较而言国外产业界比国内的认知更为深刻。

国际领先企业已经意识到与客户协作实现价值共创，仅仅考虑服务供应商（企业本身）的内部流程以及对客户流程的输入是远远不够的，在提供解决方案的同时还需要进一步解决客户内部相关业务流程的问题。在此过程中，客户可能需要从服务的营销与设计、服务交付与部署、服务的运营与优化等阶段参与集成解决方案的全生命周期，从而更进一步针对客户的真实需求激发服务创新的潜力，为客户提供满意度更高的服务体系，从而增加利润空间、增强客户黏性。为什么要强调价值共创、强调培养客户习惯？我国目前的境况大多是即使初步完成了服务型制造转型，但是在此过程中客户的参与度较低，尤其是作为供应商，在前期的规划、方案制定过程中，客户一般很少参与，仍然是供应商提供方案，由客户挑选，此种操作方式致使客户的需求初期很难明确，后续更加麻烦；除此之外，比如服务交付和部署的环节以及之后的市场运营环节，有的客户采用服务供应商的解决方案后，就不再积极参与相关服务活动，但实际上是，为了更好地实现外包的利益，在系统内的各个利益相关方都应该更紧密地结合，客户与供应商应该有更多互动。

（二）创新业务体系，从产品主导到服务主导

制造服务化的基本路径是完成从产品主导逻辑到服务主导逻辑的转变，从售卖产品为主到为客户提供高级服务转变。国外服务型制造的演化路径主要是产品与服务的综合集成，形成产品服务系统。从走向服务化路径开始到形成相对成熟的服务化业务（相对成熟指能够以服务业务为主赚取利润），一般分为三个阶段（见图 2–1）：第一阶段是从物理产品到“产品 + 基础服务”：企业开始提供围绕产品的基础服务是服务化路径的第一步，此时企业仍旧以产品销售为主，服务种类单一，多为产品的零部件供应、被动的产品维修服务等初级服务，此时服务一般是作为产品的附属品或以赠品形式配套送给客户，其目的旨在强化产品的质量和竞争力，一般不具备盈利能力。基础服务的能力来源是制造能力，包括从产品研发设计到生产制造等工艺流程、产品本身包含的知识技术体系，客户购买基于产品的服务主要是看重供应商在此领域的制造专业技术和品牌背景，等等。在路径的初始阶段，绝大多数传统制造企业皆做到了基础服务。此时的商业模式一般也仍然以售卖产品的二元交易为主。企业将产品的所有权完全转移给客户，此时企业的关注点在产品本身，同时为了更好地售卖产品和保障产品更好地运行，企业提供相应的服务内容，也因此基础服务可以归结为支持产品运行的服务。

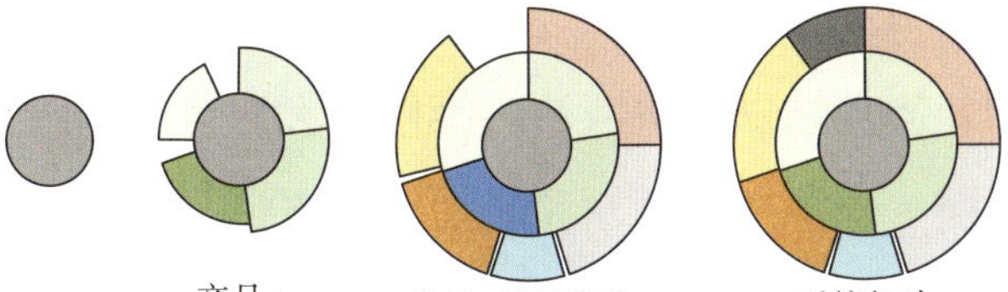

图 2-1　国际上的服务化路径

资料来源：服务型制造研究院绘制。

第二阶段是从“产品＋基础服务”到“产品＋基础服务＋差异化服务”：差异化服务是有别于基础服务且级别更高一些的业务活动，根据 Lightfoot 和 Baines 的基本思想可以视为中级服务，是企业实现相关业务多元化进而帮助产品在市场上进行差异化竞争的核心能力支撑。在这个阶段，产品仍作为企业价值创造的载体，是盈利的主要手段，但是逐步强化了服务业务的重要程度。企业往往将产品与服务打包销售，服务种类较为丰富，可供客户模块化选择，如定期保养、定期检修、操作培训、状态监测、远程运维或现场服务等一系列多样化服务内容支持产品功能持续运作，进而满足客户需要。在此阶段差异化服务的能力来源更为多样，比如制造能力领域的专业知识技术，像产品定期检修、大修等依托产品本身技术体系的服务内容；又如数字化能力，基于数字化系统和制造技术可以形成产品远程运维等数字服务内容等。此时企业的商业模式也是以售卖产品为主，差异化服务亦是支撑产品正常运行的服务内容，也可以获取部分利润，但是不作为主要盈利手段。除此以外，有一些依附于制造价值链但不属于支撑产品正常运行的服务内容也可以单独盈利，比如金融服务、供应链管理服务等。

产品的远程运维服务，作为典型的差异化服务内容在各大装备制造行业被广泛接纳和应用，典型企业如罗尔斯·罗伊斯，在航空领域服务化进程中有着极大的领先优势。罗尔斯·罗伊斯在早期服务化转型过程中，从开始只关注产品提供逐步构建了一整套维持产品正常运行的能力体系，例如周期性发动机清洁、维修、大修、现场服务和状态监测等服务。罗尔斯·罗伊斯与微软和新加坡航空公司合作，通过强化数据分析能力，形成远程监测、故障预警等服务能力，为航空公司提前排除故障，避免出现因突发性故障而紧急返修的状况，进一步提高发动机可靠性和运营效果。在远程状态监测中，其做法是在燃气轮机内安装一个微处理器，持续监测 16 项参数（如燃料消耗、机器震动、燃烧温度和压力等）[①]。一旦燃气轮机内的压缩机叶片出现故障或损坏，监测参数则会发生变化，数值的波动情况则会反映到监测记录中。这些数据会传到罗尔斯·罗伊斯总部，在飞机长途飞行中，一般会进行 6 次左右的数据传输。此外，这些数据会同步输送到英国德比的全球发动机运营控制中心，由其工程师与专业技术人员进行分析。该中心会收到由公司监测的所有发动机的数据信息，再由中心的工作人员进行数据清理与筛选，探究数据变化的原因，制定解决方案并采取相应行动。在强大的远程运维能力的基础上，罗尔斯·罗伊斯后来逐步形成了具备更强市场竞争力的“Total Care”高级服务能力体系。

卡特彼勒的供应链管理服务可以称得上其他差异化服务种类中比较典型的服务内容。零配件供应虽然看起来仅仅是作为产品的附加基础性服务，但是快速响应的零配件供应服务体系并不是简简单单就能构建起来的。作为全球工程机械领域领导厂商，卡特彼勒在把企业的各类工程机械产品销往全球各地的过程中，逐步建立了全球化的产品营销体系、供应链体系和售后服务体系。20 世纪 80 年代以来，卡特彼勒越来越发现，工程机械产品售后零配件和服务业务市场规模正不断扩张，并意识到这一领域可能是确保企业提升产品市场竞争力的重要基础，也是扩张企业业务收入的新渠道。为此，卡特彼勒把企业供应链管理体系作为发展战略的重要方向。随着物流公司成立，卡特彼勒开始选择那些管理目标与自身强项相匹配的客户，开展全球性物流和售后零部件配送服务，并把物流服务作为企业未来发展的重要战略支撑。卡特彼勒为了改变过去售后零配件供应链依附于产品制造部门的状况，成立了产品支持事业部专门负责售后零配件供应链管理，使售后零配件供应成为真正的独立

① 李靖华、马江璐：《制造服务化的兴起》，浙江工商大学出版社 2020 年版。

业务之一。产品支持事业部依靠提供售后零配件供应服务获取收益，使售后零配件供应链不仅要满足不断变化的用户需求，还要高效运作，依靠服务取得利润。

另一个在汽车和装备制造业中比较常见的服务内容是金融服务，典型企业如通用汽车。福特汽车创造性的流水线生产方式使其迅速成为美国汽车业的龙头，但很快就被通用汽车超越，其超越点在于通用汽车开启金融服务的新服务业务①。通用汽车成立了自己的财务信贷公司GMAC，开始为广大客户提供汽车金融服务。在其运营中，GMAC不断创新汽车金融服务，扩展服务领域，丰富服务内容，为全球累计超过1.46亿辆汽车的销售提供超过1万亿美元的贷款。目前业务遍及世界41个国家，成为全球规模最大、最为成功的金融机构之一。GMAC金融产品包括两个方面。一是面向客户的汽车消费信贷。包括：分期付款，在客户与分销商之间签订一个分期付款协议，客户承诺未来支付一部分贷款，并且支付财务费用；融资租赁，客户每月返还少量的车款，在合同期的最后有两种选择——购买该车并一次付清所有欠款，或者交纳手续费，以及超过限制千米数的费用后，交还该车；信托租赁，客户选择不同的年千米数，交纳不同的租赁费。二是面向经销商提供融资、批量租赁和客户金融咨询计划。主要包括：保险业务，如提供汽车保险和财产事故再保险；抵押业务，GMAC商业抵押公司是美国最大的抵押贷款金融公司。

第三阶段是从“产品+基础服务+差异化服务”到“系统解决方案”：在系统解决方案这一层级，企业向客户售卖整体解决方案，相较于之前的差异化服务，此时的系统解决方案更加具备“差异化竞争

---

① 安筱鹏：《制造业服务化路线图：机理、模式与选择》，商务印书馆2012年版。

力”，因为解决方案是以客户为导向的，具备定制化、灵活性和快速反应等优秀的服务特征。服务是价值创造的核心载体，服务业务成为企业业务的核心，而产品作为服务的载体，服务成为企业利润的主要来源。需要强调的是，系统解决方案或者说高级服务是以此前的基础服务和中级服务为基础，基础服务和中级服务是高级服务能力能够实现的必要条件。一般来讲，企业与客户的联系都是从基础服务和中级服务开始展开，并逐步相互熟识，基于供应商的服务能力，客户逐渐建立起信心，并进一步尝试以高级服务为核心的解决方案。

此时的能力体系相较于前两个阶段对企业提出了更高的要求，此时相较于单纯的制造过程，高级服务需要企业与客户有更加频繁和复杂的沟通交互。企业的能力体系不再局限于制造知识和技术体系，更加强调服务能力体系的构建，这就需要企业具备整合服务设计与产品设计的能力、具备设计与交付的专业知识；需要调整企业架构以支撑服务业务的稳定运行，此时可能构建新的组织专门提供服务；同时需要调整财务系统、绩效管理系统，支撑衡量服务内容的财务管理、衡量服务体系的绩效，等等。在此阶段，制造业的核心从传统的制造能力体系构建逐渐转变为以服务能力体系构建为核心。

在此阶段，主要的商业模式有两种。第一种商业模式可以称为面向使用的产品服务系统。产品的所有权归属企业；企业的关注点在客户的流程，企业会介入客户的生产生活的具体流程，通过租赁、共享等方式为客户提供产品及支持性服务；顾客角色定位更像外包商，仅在某一阶段对产品拥有使用权，并根据使用市场、使用强度、使用形式等付费。此时客户有比较明确的对某类产品的使用需求，此种商业模式对于客户来讲，一方面，避免客户大量持有固定资产的风险，客户有更强的意愿购买服务；另一方面，增加了产品的利用率和使用时间，通过按照使用价值进行收费，为供需双方创造更多的经济价值。服务内容的表现形式一般有如下几种：一是租赁协议、融资租赁服务。二是客户支持协议，比如卡特彼勒提供的扩展服务（Extended Service Coverage，ESC）可分为银级、金级、白金级等服务等级，每个等级对于保修服务的范围进行界定。三是基于使用量的收费方案，比如林德、法液空等工业气体服务公司给客户提供的按供气量收费的工业气体服务方案等支持客户的系统解决方案；又如罗尔斯·罗伊斯的按小时出售发动机动力，并提供一切保养和维护服务，同时通过物联网技术监控发动机的运行工况，为发动机安全和维修保养提供数据服务，亦属于此范畴。

第二种商业模式可以称为面向结果的产品服务系统。产品的所有权归属企业；企业的关注点同样在客户的流程，企业会深度介入客户的生产生活的具体流程；需要强调的是，客户此时的定位需要从外包商进一步转变，积极参与价值共创，变成企业的合作伙伴。企业通过产品运行产生的结果（如收益、功能、方案、体验等）为客户提供服务，客户不拥有也不直接使用某产品，客户对于通过何种产品和服务来实现目标达成效果并不会特别明确，但是客户的价值主张会强调与企业风险共担、强化业务绩效、按使用效果进行付费等。典型案例是在办公室工作的客户需要的是企业能够提供“宜人气候”的集成解决方案，客户关心的不是用哪一款空气净化器、用了多少台空调，而是可以通过什么样的具体解决方案能够实现合适的温度、适宜的湿度、合理的空气污染治理等效果，并为此支付相应的报酬。

以下就系统解决方案即提供高级服务的先进企业的具体做法进行举例。首先，一个比较直观的例子是卡车企业——德国曼（MAN）商用车公司。汽车工业在经济衰退的影响下，生产工厂的结构性产能过剩，新车销售的价格竞争愈加激烈。基于存量车辆的庞大基数和较长的车辆使用年限，向服务型制造转型提供层级化服务成为原始设备制造商、授权经销商、维修店以及独立参与商维持生存、谋取利润的主要途径。在世界汽车行业中，存在诸如戴姆勒、日本丰田和德国曼集团等汽车工业企业，以多样化服务化业务在各细分领域中争逐，在本节中以德国曼集团为例。德国曼集团旗下的曼商用车公司是世界著名的重型卡车制造商之一。该公司成立了专门的车队管理部门，将远程信息处理服务作为其在市场上销售各类卡车的标准配置。一是为了提高客户效率，帮助客户在竞争激烈的业务中获得更多经济价值，使其与曼商用车公司保持合作并购买更多卡车。二是随着信息技术的进步与服务业务深度提高，基于对使用信息的掌握，曼车队可以帮助客户在不考虑重卡所有权的情况下，短时间或长时间内出租使用车辆。这不仅能保持汽车制造商资产的高度灵活性和便利性，也为客户减少营运成本，为社会减少资产占用和车辆报废导致的环境污染等现象。

其次是空分行业的领军企业——林德，基于使用量收费的系统解决方案。工业气体是工业行业的“血脉”，工业气体由空分设备生产而来，空分设备是以空气为“原料”，通过压缩循环、深度冷冻的工艺方法将空气变为液态，再经过精馏从中分离生产出氧气、氮气及氩气等工业气体的气体分离设备。在全球空分市场中存在四大巨头：德国林德集团、法国液化空气集团、普莱克斯和空气化学产品公司，四大气体巨头具备全球视野，将业务拓展至多个国家和地区。德国林德集团于 1879 年创立于德国，目前是工业气体、工艺与特种气体的全球领先供应商，也是北美最大的家庭护理气体供应商，业务遍布全球 100 多个国家和地区。

和大多数空分设备制造商一致，林德集团在转型初期聚焦于与空分设备有关的简单的基础服务，即基于已有的制造能力，为客户安装空分设备、供应备件及提供空分设备控制系统说明书。为进一步获取独有的竞争力，林德集团开始开辟工业气体领域开发气体服务这一高级服务，通过收购客户企业原有的空分设备部门或以自建空分设备系统的形式，在用户现场设立气体公司，通过管理运营向用户销售工业气体。收费方式也由设备的交易收费转变为按供气量收费的模式。多数情况下，考虑服务范围及经济效益最大化，空分设备企业往往选择在工业园区内建立气体运营中心，从而辐射周边，实现管网供气。在与客户交互的频率上，也由间断式交易转变为频繁的持续性交互。除了现场制气和管网供气，空分设备制造商也会关注中小型客户企业，以瓶装气和液体储槽的形式来实现工业气体服务传递。

最后一个集成解决方案是由医疗器械行业的领军企业——费森尤斯（Fresenius AG）提供的，是特别典型的面向结果的服务模式。费森尤斯集团创立于 1912 年，总部设在德国巴登洪堡，由 4 个在世界范围内独立运作的业务板块组成：费森尤斯医疗、费森尤斯卡比 、费森尤斯赫里奥斯 、费森尤斯奥美德。费森尤斯医疗是费森尤斯集团旗下四大公司之一，专注于透析治疗领域，在全球 100 多个国家拥有 73000 多名员工，在世界各地拥有 3900 多家血液透析中心，每年为近 33.3 万名患者提供 5000 万次优质的透析治疗。费森尤斯医疗是当今世界最大的、最完整的慢性肾脏衰竭疾病治疗产品和服务供应商，也是世界上最大的透析产品供应商。费森尤斯以血透产品起家，透析器等产品质量突出。但随着透析服务需求的体现，其首先通过收购 Renal Care Group 获得 2000 个透析中心，形成“产品 + 服务”经营模式。随后不断加强这种模式，不断地进行透析服务领域的并购。其采用“垂直整合”的战略，不断完善公司透析产品线和透析服务网络，全面覆盖了“生产—销售—服务”的产业链，建立了强大的产业平台。

费森尤斯的高级服务主要通过透析中心来提供，一般通过三种渠道：基于医院运营的透析室、企业与医院共建的透析中心、自建的独立透析医院。基于利用自身拥有的透析中心，费森尤斯可以为需要旅行或者商务出差的患者提供透析服务，免除患者因透析治疗而活动受限。可以看到，在此过程中，病人对于使用何种透析产品其实并不关心，他们关心的是透析服务的效果如何、身体状况如何、如何合理地为该效果买单。与此同时，为满足客户健康需求提出更有效、全面的解决方案，费森尤斯有时会通过实验室服务为透析患者提供实验室检查，检测患者治疗效果和身体状况；为肾病患者提供药物配送和血糖监测服务，将药物直接送到患者家里或者患者所在的透析中心。除了配送药物外，公司还与患者相关诊所合作，通知医生和患者新处方何时必须发出，并对医生所给处方进行审核，或者提示医生患者用药剂量调整，等等。

三、发达国家的经验教训对我国的借鉴启示

（一）发达国家的主要经验对我国的借鉴启示

从《全球服务型制造发展指数报告（2022）》（以下简称《报告》）可以观测到，美国、德国、日本等发达国家的产业融合发展近年来一直走在世界第一梯队。它们在制造基础建设、产业融合发展的生态建设以及推动企业制造服务化转型升级方面的典型经验值得我们进一步学习和总结。

《报告》指出在制造基础方面，我国以 44.71 分的评分落后于德国的 46.39 分在 11 国排行第二，尽管排名靠前，但我国依靠的是“制造

业规模”“制造业世界贸易影响力”等“量”上的增幅，而在“质”的方面落后于发达国家。如“高技术产业增加值占制造业增加值比重”指标的数值为0.41，落后于日本的0.61、德国的0.57以及美国的0.47；同样，“人均制造业增加值”的2276美元显著落后于日本的8350美元和德国的7107美元；等等。因此，从质量强国角度强化制造基础，可以技术引领服务，加大高技术产业投入，提升服务在投入产出环节的比例。一是要聚力推动技术进步，坚决贯彻和实施创新发展战略，不断提高科研投入力度，让服务创新成为推动制造业质量稳步提升的重要引擎，为制造注入更多服务元素。二是推动高技术产业发展壮大，坚持政府引导与市场调节相结合，依托各地产业发展优势、资源禀赋和技术水平，因地制宜谋划落地一批高技术服务产业，提升制造与服务契合度，以服务赋能制造。三是突破制造服务融合共性技术体系及关键技术，以服务型制造的发展思路强化高技术制造业的服务能力，不断提高服务产出，不断提升服务质量及产品载体质量，以服务业务谋取高技术制造业的价值倍增。

在生态建设方面，韩国2021年的生态建设指标值以42.24分高居榜首，远超我国的29.91分。其中我国研发服务投入远低于美国等制造强国，2020年我国研发支出占GDP比重仅为2.4%，而美国、日本、德国分别是3.45%、3.26%和3.14%，韩国更是高达4.81%；与此同时，虽然近年来我国数字经济快速发展，但根据世界银行构建的信息通信技术使用指数，我国数字化发展能力得分仅为67.70分，而发达国家均在80分以上，韩国更是高达89.1分。为此我国亟须改善产业融合发展生态，扩大生产性服务业开放，加强开拓创新，优化服务型制造发展的生态环境。我们可以秉持开放、合作、团结、共赢的理念，扩大服务业高水平开放，积极营造公平竞争的市场化、法治化、国际化现代服务业发展环境。一是加大服务创新研发投入，加强与数字技术联合应用，丰富数字服务应用场景。二是鼓励外资投向现代服务业，合理放宽服务业准入限制，推进金融、教育、文化、医疗等服务业领域有序开放，有序合理地放开技术服务、管理咨询等服务业领域外资准入限制。三是推动构建服务业合作伙伴关系，完善与相关国家、地区的对话机制，推进战略、规划对接，加强规则、标准联通，促进服务业发展国际合作，为制造与服务的融合发展搭建更多的交流平台，同时也为我国创新发展提供更多路径。

而在成效方面，2021 年美国以 69.14 分的绝对优势遥遥领先，领先第二名德国 17.76 分，更是远超中国的 39.09 分。2021 年，世界制造业 500 强榜单中，美国、日本、德国等国家分别有 76 家、38 家、18 家企业财务报告中明确指出其服务收入，占本国上榜企业的比例分别为 57%、65% 和 70%，其服务收入成为制造企业主要来源；而我国 76 家上榜企业中仅有 27 家提到服务收入，企业数量占比仅为 35%。因此，为扩大发展成效，应不断推进传统行业头部企业向新业态转型，持续发挥示范引领作用。一是鼓励传统制造业龙头企业、生产性服务业领军企业双向迈进服务型制造领域，凭借自身在制造领域、服务领域的扎实基础与强劲优势，转型成为具备高服务水平、强竞争优势的服务型制造领军企业。二是继续深入开展示范推广，通过召开专家研讨会、挖掘与推广优秀国际企业的实践经验等方式，加快推动服务模式创新、技术创新和管理创新。挖掘专精特新、“小巨人”等中小型企业的服务型制造转型的潜力，遴选培育一批处于重点行业价值链顶端、创新能力和品牌影响力突出的服务型制造示范企业，强化企业示范和引领作用，引领业内其他企业积极借鉴、推进创新，形成适应自身特点的发展模式和成长路径，不断向新型领军企业成长。

进一步从具体的企业操作层面来看，发达国家先进企业的制造服务化路径是一条从基础服务到差异化服务再到集成解决方案的成长之路，这里需要注意两点。一是强化基础服务和差异化服务能力，并以实现高级服务为终极目标，探寻高经济绩效。基础服务是企业任何服务提供的基础和必要条件，从上述国际领军企业的做法、经验来看，任何一个优秀企业都是从基础低端服务到高级服务逐渐演变，都存在基础服务、中级服务以及高级服务的系统性、连贯性服务体系。而企业的收益是来自基础、中级和高级服务的组合，其中高级服务是领军企业的主要盈利来源，是企业获取高经济价值的源泉；而基础服务和中级服务是企业与客户建立稳定关系的切入点。二是把握高级服务的进场时机。通过以上国际领军企业的做法描述可见，结合市场背景演变与技术创新进程，只有客户的动机、文化和流程与制造商相匹配，制造企业的服务型制造转型才得以成功。高级服务需要企业以服务提供商的身份在合适的时机开发技术能力，传递高级服务。制造企业通过业务流程创新获得成长，发展出将竞争对手排除在外的长期关系，从而提高收益、增加利润和获得稳定现金流，为制造企业和客户共同创造更高的价值。

（二）发达国家的主要教训对我国的借鉴启示

值得注意的是，制造服务化的快速发展虽然让欧美发达国家掌控了价值链的高端，但是在此过程中由于过于关注研发设计、营销服务等的高价值环节，致使发达国家对于制造环节愈发忽视，并使制造业不断外移至发展中国家，“产业空心化”陷阱也在此过程中逐渐显露出来。从2000年至今，除一直注重工业发展的德国制造业增加值比重一直维持在20%附近（除2008年、2009年因金融危机略有下降），其余发达经济体如美国、法国、英国等国均在持续下降。以美国为例，从2000年的15.1%逐渐下降至11.3%，尤其是在2002年之后，制造业GDP比重再也没有超过12%，更是远低于21世纪之初15%的较高水平。随之而来的是发展不均衡与贫富进一步分化、区域发展进一步不平衡、创新能力进一步衰退。虽然再工业化战略被欧美发达国家不断提及，但是可以看到想要重振衰退的制造业亦是有些不切实际的，从美国近些年制造业主要门类的GDP贡献率可以发现，处于相对高端的制造业如电脑、电子行业、医药化工行业、汽车行业在2007年后有较为明显的回升并超过了2007年的水平，但其他如机械装备、家装建材、造纸业等大量行业仍处于下降状态。

我国服务型制造发展虽然起步较晚，但是可以避免西方发达国家过度服务化带来的弊端，我们国还具备全球最完备的工业门类，有全球最大的工业规模和需求市场的优势。在此基础上，我们需要进一步明确制造业是经济发展的根基。发展服务型制造并不是去制造，而是通过制造与服务的融合为制造业带来新的增长动力，进一步反哺制造业的高质量发展。从欧美“工业化—去工业化—再工业化”的弯路可以发现，工业是经济持续健康发展的压舱石。制造业尤其是传统制造业能够创造更多的就业岗位，是维护社会、政治、经济稳定的重要抓手；制造业是技术创新的基础和动力源泉，给技术创新落地提供沃土。过度剥离制造业对于国家长远发展是极具危害性的，我国应提防过早、过度“去工业化”。

此外，仍需注意以下三点。一是产业转型升级过程中仍需适当发挥政府宏观调控作用。20世纪80年代以来，欧美以市场经济为主导，充分发挥资本主义的自由竞争作用，政府较少参与产业发展和企业扶持。在市场机制的主导下，海量企业基于自身发展实际情况，比如因为成本控制和利润攫取的需求，剥离制造板块到发展中国家。我国近年来同样面临此类现象，政府亟须贴近市场，贴近企业发展实况，提供更适合企业发展的宏观政策支撑，改善财政税收优惠政策、营商环境，持续加大研发投入，辅以创新生态体系和人才培养体系。强化产业主体创新活力，积极推动由要素驱动、投资驱动向创新驱动转变，实现产业转型升级。二是统筹兼顾先进制造业与传统制造业发展。我国产业整体处于“由量向质”转型升级的关键时期，但是并不意味着我国要迅速淘汰传统制造业，全范围大力发展先进制造业、高新技术产业。部分区域甚至通过“亩产论英雄”的方式大量开展淘汰传统制造业引进先进制造业的工作。从全国整体发展来看，已有的、传统的制造门类对于产业整体均衡发展仍具有重要的支撑作用，如果没有协同好先进制造业与传统制造业的关系，必然会导致“产业空心化”。所以，在积极部署新一代信息技术、生物医药、新能源、新材料、节能环保产业等战略新兴产业的同时，仍需要关注机械制造、服装箱包、食品饮料等传统行业，推动传统行业的转型升级。三是供需两端共同发力是对冲经济下行，稳定经济发展的关键。秉持双循环发展格局的战略指导思想，积极推动产业升级和国产替代，在坚持全球化战略的前提下，畅通国内供需循环，推动共建“一带一路”倡议，形成连接亚洲、欧洲、非洲和拉美等地区的全球价值链基本框架。在需求侧，持续扩大内需，激发需求潜力，拓展投资空间，推动城市群发展，通过高能级城市带动周边城市统筹发展，通过内需扩张拉动经济结构调整，确保制造业的健康发展。在供给侧，加强自主创新，破除产业链断供风险；积极推进物联网、移动互联、大数据、云计算、人工智能等新一代信息技术广泛应用，促进传统制造业向数字化、网络化、智能化、绿色化升级；积极推动发展服务型制造，推动制造业向价值链高端攀升，提升制造业附加值。

第三章

我国服务型制造的实践及成效

在党中央、国务院的领导下，各部门、各级政府及行业组织的大力推动下，近年来，我国服务型制造政策环境不断优化、示范引领持续加强、交流平台多元融合、理念传播不断深化，广大制造企业积极开展探索实践，涌现出一批亮点各异的示范城市，服务型制造呈现出强劲发展势头，为制造强国建设提供了有力支撑。

一、聚焦构筑顶层设计，政策引导持续发力

（一）政策提出与演进历程

党中央、国务院高度重视发展服务型制造，自“十一五”后期以来，相继发布多份政策文件，出台一系列政策措施，支持服务型制造创新发展。

我国颁布的推动服务型制造发展的文件，最早可以追溯到2009年国务院办公厅发布的《装备制造业调整和振兴规划》，提出“围绕产业转型升级，支持装备制造骨干企业在工程承包、系统集成、设备租赁、提供解决方案、再制造等方面开展增值服务，逐步实现由生产型

制造向服务型制造转变”。此后，国务院相继发布《工业转型升级规划（2011—2015 年）》《“十二五”国家自主创新能力建设规划》《国务院关于加快发展生产性服务业 促进产业结构调整升级的指导意见》等多项政策支持服务型制造创新发展（见附件表 1）。

自 2015 年国务院印发的《中国制造 2025》将“积极发展服务型制造和生产性服务业”列为中国从制造大国向制造强国转变的九大战略任务之一，中国服务型制造开始迈入崭新发展阶段。《中国制造 2025》提出“推动发展服务型制造。研究制定促进服务型制造发展的指导意见，实施服务型制造行动计划。开展试点示范，引导和支持制造业企业延伸服务链条，从主要提供产品制造向提供产品和服务转变”。除了将服务型制造作为制造业结构优化调整的方向，《中国制造 2025》还提出发展个性化定制服务、全生命周期管理、提供系统集成总承包服务、提供整体解决方案等若干种服务型制造的具体模式。这为后续服务型制造专项文件的出台起到了战略指导作用。

2015 年 10 月发布的《中共中央关于制定国民经济和社会发展第十三个五年规划的建议》再次强调：推动生产性服务业向专业化和价值链高端延伸，推动制造业由生产型向服务型转变。2015 年 12 月 18 日，习近平总书记在中央经济工作会议上的讲话中提出：按照高端化、智能化、绿色化、服务化的方向，实施好《中国制造 2025》、“互联网 +”行动计划[①]。

“十三五”时期，工业和信息化部等部门连续发布两项服务型制造专项文件，已成为指导我国服务型制造发展的行动纲领。2016 年工业和信息化部、国家发展和改革委员会、中国工程院联合印发《发展服务型制造专项行动指南》（以下简称《行动指南》），业界普遍将 2016 年称为服务型制造的政策元年。作为推动服务型制造发展的指导性文件，

① “受权发布：《习近平关于科技创新论述摘编》（七）”，人民网 2016 年 3 月 4 日，http://scitech.people.com.cn/n1/2016/0304/c1007-28171623.html。

《行动指南》对服务型制造未来三年的发展规划提供了政策指导，针对服务型制造对价值链前、中、后各环节的提升作用，提出了四项行动、十项任务，鼓励发展服务型制造典型模式，并且提出到2018年，力争完成“5155”示范任务目标。2020年6月，工业和信息化部等十五部门联合发布《关于进一步促进服务型制造发展指导意见》(以下简称《指导意见》)，重点提出九大发展方向与创新模式，既涉及制造业各个环节的服务创新，也涵盖了跨环节、跨领域的综合集成服务。相较于2016年《行动指南》提出的目标，服务型制造示范企业、平台、项目和城市的培育数量进一步扩大。

此外，针对工业设计和共享制造模式，工业和信息化部相继发布专项政策鼓励创新发展。2019年10月，工业和信息化部发布《关于印发制造业设计能力提升专项行动计划（2019—2022年）的通知》，提出创建10个左右以设计服务为特色的服务型制造示范城市；同月发布《关于加快培育共享制造新模式新业态 促进制造业高质量发展的指导意见》，提出在服务型制造示范遴选活动中，面向基础条件好和需求迫切的地区、行业，遴选一批示范带动作用强、可复制可推广的共享制造示范平台和项目。

“十三五”至“十四五”时期，在促进制造业转型升级的过程中，国家层面除了出台服务型制造专项政策外，服务型制造的相关政策范围逐步扩大，服务型制造与产业、区域发展、消费和创新、新模式新业态等经济相融合，因此生产性服务业、“互联网+”、加工贸易、消费品、战略性新兴产业、信息化、新动能、供应链等方面相关的政策文件中都有所涉及（见附件一）。

“十四五”时期，党的十九届五中全会《中共中央关于制定国民经济和社会发展第十四个五年规划和二〇三五年远景目标的建议》提出，“立足我国产业规模优势、配套优势和部分领域先发优势，打造新兴产业链，推动传统产业高端化、智能化、绿色化，发展服务型制造”。此外，在《国家标准化发展纲要》中提出了“加快先进制造业和现代服务业融合发展标准化建设”的决策部署，确立了健全服务型制造标准的目标任务，充分发挥标准在下一阶段助力服务型制造发展中的引领作用。2022 年 10 月，党的二十大报告提出要“加快构建新发展格局，着力推动高质量发展”，并将推动现代服务业同先进制造业深度融合，作为建设现代化产业体系的重要任务，奋力谱写服务型制造发展新篇章。

（二）政策体系特点鲜明

在中央顶层设计下，各地方积极跟进配套，已基本形成多层级、一体化、广覆盖的服务型制造发展政策体系，在引领方向、优化环境和强化激励等方面发挥了重要作用。

1. 多层级

自《行动指南》和《指导意见》专项政策发布后，各地方政府积极响应，深入贯彻落实党中央、国务院关于发展服务型制造的决策部署，紧密结合当地实际，纷纷出台了推动服务型制造发展的“专项行动计划”“实施方案”“实施细则”“指导意见”“行动指南”等专项政策文件[①]，形成了“国家级—省级—市级”的多层级服务型制造政策体系（见表 3–1）。

① 《中国服务型制造发展报告（2018—2019）》，中国服务型制造联盟专家委员会、工业和信息化部电子第五研究所编著，经济管理出版社 2019 年版，第 22 页。

通过检索全国各地方工信主管部门网站发布的信息，据不完全统计，截至 2022 年 11 月，全国共有 31 个省、自治区、直辖市及计划单列市先后发布了 110 项服务型制造相关政策，包括 42 项专项政策，其余 68 项政策规划文件中明确提及了发展服务型制造。其中，福建、浙江两省在服务型制造政策制定方面领跑全国，先后印发多项专项政策，其余省份也分别制定出台了专项政策或在其他配套政策中涉及推动服务型制造发展的相关内容。

福建省在政策方面先行先试、持续推进，成为比较具有代表性的地区。福建省工信厅先于 2016 年 3 月发布《2016 年服务型制造工作专项的通知》，随后 2016 年 12 月发布《福建省发展服务型制造实施方案（2017—2020 年）》。2017 年 3 月福建省人民政府办公厅发布《关于加快推进主辅分离积极发展服务型制造的若干意见》。此后 2017 年 6 月，福建省工信厅、财政厅、发改委联合发布《福建省加快推进主辅分离积极发展服务型制造资金扶持和奖励实施细则》[①]。2021 年 5 月，福建省工信厅等 15 部门联合印发《福建省关于进一步促进服务型制造发展的实施意见》，吹响了发展服务型制造的新一轮号角，带动辖内市、县级政府出台配套政策和办法。厦门市、福州市等积极跟进，出台《厦门市关于进一步促进服务型制造发展的实施方案》《关于加快推进福州市服务型制造发展的实施方案》等地方专项政策，形成了省、市联动服务型制造协同发展格局。

① 《中国服务型制造发展报告（2018—2019）》，中国服务型制造联盟专家委员会、工业和信息化部电子第五研究所编著，经济管理出版社 2019 年版，第 23 页。

表 3-1 部分地方出台的服务型制造专项政策文件

层级	文件名称
省级	《辽宁省发展服务型制造专项行动推进方案》 《辽宁省进一步推进服务型制造发展工作方案》 《黑龙江省服务型制造发展专项行动方案（2022—2026年）（征求意见稿）》 《黑龙江省发展服务型制造实施方案》 《上海市生产性服务业和服务型制造发展专项支持实施细则》 《江苏省关于推进服务型制造赋能制造业高质量发展的实施意见》 《江苏省关于推进服务型制造发展的工作意见》 《浙江省关于深入推进服务型制造促进制造业高质量发展的实施意见》 《浙江省关于加快工业和信息化领域生产性服务业和服务型制造发展的行动方案》 《浙江省服务型制造工程实施意见》 《安徽省发展服务型制造专项行动推进方案（2017—2020年）》 《福建省关于进一步促进服务型制造发展的实施意见》 《福建省关于加快推进主辅分离积极发展服务型制造的若干意见》 《福建省发展服务型制造实施方案（2017—2020年）》 《江西省发展服务型制造专项行动实施方案》 《江西省发展服务型制造新一轮专项行动实施方案》 《山东省工业和信息化厅等15部门关于加快促进服务型制造发展的实施意见》 《河南省发展服务型制造专项行动指南（2017—2020）》 《湖北省发展服务型制造专项行动实施方案（2016—2020）》 《湖北省关于加快推动服务型制造高质量发展的实施方案》 《重庆市发展服务型制造专项行动计划（2016—2018年）》 《四川省关于进一步促进服务型制造发展的实施意见》 《四川省发展服务型制造专项行动实施方案》 《云南省发展服务型制造实施方案（2017—2020）》 《陕西省发展服务型制造实施方案（2020—2025）》 《中国制造2025甘肃行动服务型制造专项实施方案（2016—2020）》 《宁夏回族自治区服务型制造示范（企业、项目、平台）认定管理暂行办法》
计划单列市	《大连市发展服务型制造专项行动计划（2016—2020）》 《大连市关于进一步推进服务型制造发展的实施方案》 《宁波市加快推进服务型制造发展的实施意见》 《厦门市关于进一步促进服务型制造发展的实施方案》 《厦门市发展服务型制造和生产性服务业专项行动计划》 《厦门市2016年服务型制造工作专项》

续表

层级	文件名称
地级市	《关于加快推进福州市服务型制造发展的实施方案》 《泉州市人民政府关于发展服务型制造专项行动计划的实施意见》 《郑州市发展服务型制造实施方案（2017—2020年）》 《郑州市人民政府关于加快发展服务型制造若干政策的意见》 《蚌埠市推进服务型制造发展专项行动方案（2019—2022年）》 《徐州市加快推进服务型制造发展实施方案》 《嘉兴市加快发展服务型制造指导意见》 《常州市关于推进服务型制造高质量发展三年行动方案》 《长沙市“十四五”服务型制造发展规划（2021—2025年）》

注：省、自治区、直辖市、计划单列市、地级市为不完全整理。
资料来源：服务型制造研究院整理。

2. 一体化

服务型制造专项政策并不是一个单一的、孤立的政策，而是一套由多个政府部门和多种社会力量共同参与、与其他政策衔接配套的“1+X”一体化综合支持体系。这套体系的构建目标是从多个维度为服务型制造发展营造良好的生态环境。

政策可以分为创新政策、科技政策、产业政策、财税政策、人才政策等。我国政策呈现出从单向政策向政策协同推进、从单一政府导向向政府和市场协同转变的态势。[①] 我国产业发展正迈向以创新驱动产业升级阶段，产业融合成为产业发展的典型趋势，各项创新、财税、监管、市场环境等方面的政策也要逐步适应产业融合创新发展的需求，制定相互协调融合的行业监管、支持政策，形成合力，推动服务型制造的创新发展。

《指导意见》作为新一轮推动发展服务型制造的指导性文件，自 2020 年 7 月发布后，更加坚定了地方政府发展服务型制造的战略定力，各地强化推进、坚定不移地将发展服务型制造作为推动先进制造业与现代服务业

① 刘凤朝，孙玉涛：“我国科技政策向创新政策演变的过程、趋势与建议——基于我国 289 项创新政策的实证分析”，《中国软科学》2007 年第 5 期，第 39 ～ 40 页。

融合发展的有效路径，以及打造产业新增长点的重要抓手。地方政府通过统筹优化相关管理部门的职能配置，围绕《发展服务型制造专项行动指南》这个“1”，因地制宜出台了多维度支持服务型制造发展的“X”实施方案，包括引导企业发展服务型制造的金融、土地、财政、税收、价格等配套政策，形成了相互协调融合的“1+X”一体化政策促进体系。

通过查阅全国各地方工信主管部门网站发布的信息，我们发现，截至 2022 年 11 月，全国 31 个省、自治区、直辖市及计划单列市已发布的 110 项服务型制造相关政策，进一步加强了对服务型制造政策与财税、金融、土地、科技、人才等政策的综合支持。其中，65 项政策提及对推动发展服务型制造的相关资金支持。

例如，厦门市于 2020 年 11 月印发的《关于进一步促进服务型制造发展的实施方案》，提出要“强化政策协同”，出台支持服务型制造发展的产业、人才、科技、财税、金融等方面优惠政策。再如，河南省政府把发展服务型制造作为转型发展战略的一项重要内容写入《河南省推进工业智能化改造攻坚方案》，河南省工业和信息化厅先是印发了《河南省发展服务型制造专项行动指南（2017—2020）》，明确服务型制造发展指导思想、基本原则、主要目标和保障措施等，在顶层设计方面为促进全省生产型制造向服务型制造转变提供指引。其后，河南省财政厅等部门联合印发《河南省先进制造业发展专项资金管理办法》作为配套资金奖励政策，明确专项资金支持范围，从 2018 年开始对国家服务型制造示范企业由省财政一次性给予 100 万元资金奖励，激发企业开展服务型制造的转型动力和创新活力。

3. 广覆盖

服务型制造的特征之一，在于其具有较强的融合性。它以制造为核心，在制造的基础上把人、事、服务等更多的要素融合进来。在国家政策的指引下，地方政府因地制宜，适时出台与产业融合发展、模式业态创新等社会经济发展新趋势相匹配的政策文件。

地方政府推进服务型制造发展的政策不仅体现在服务型制造的专项文件中，在产业转型升级、两业融合、大数据与产业深度融合、制造业与互联网融合发展、制造业高质量发展、先进制造业集群/基地、生产性服务业、工业设计、电子商务等领域相关政策文件中，服务型制造也被多次提及（见附件二）。由各地出台的政策可以看到，服务型制造相关政策中的“融合”主要体现在两个方面。

一方面，鼓励以技术手段助推制造业与服务业融合。信息技术是制造业与服务业融合的“黏合剂”，信息技术的发展让过去截然分开的制造业务和服务业务加速融合，使得制造业信息化、服务化成为发展趋势。2017 年，党的十九大报告明确提出建设“网络强国、数字中国、智慧社会”，“数字中国”被首次写入党和国家纲领性文件；2022 年 1 月，《“十四五”数字经济发展规划》出台后，各地区各部门扎实推进数字基础设施、数字技术等建设，拓展数字化与工业化融合发展路径。综观各地方发布的服务型制造政策的主要任务，不少提及要加大对服务型制造企业技术创新的支持力度。自 2021 年以来发布的相关政策，均鼓励制造企业充分利用新技术，特别是信息化、数字化技术，强调要突破研发设计、生产制造、销售服务的资源边界和运营边界，推动生产和消费、制造和服务、产业链与企业之间全面融合，促进人力、技术、资金等资源高度融合。

另一方面，注重以创新能力的提升推动制造与服务深度融合。我国产业发展正迈向新型工业化发展之路，各地通过实施创新驱动发展战略，积极推动产业升级。近年来，各地逐渐关注服务型制造新业态新模式，不断出台创新性政策指引。以“工业设计 +”为例，工业设计作为服务型制造的重要方向之一，服务型制造创新设计能力的提升也一直是地方政策关注的重点之一，各地纷纷以提升创新设计能力为抓手推动制造与服务深度融合。上海、浙江、广东、河南、江苏、黑龙江等多个省市出台了支持服务型制造创新发展的若干政策措施，推动设计、服务、管理、工程等领域高度融合发展。例如，《浙江省服务型制造工程实施意见》在创新政策方面提出：建设工业设计创新载体，积极探索市场化运作机制，推进浙江省现有特色工业设计基地与块状经济紧密结合，实现专业化发展，针对关键领域和薄弱环节开展创新设计攻关。2022 年 6 月，浙江省经济和信息化厅进一步印发《“设计 + 营销”赋能制造业高质量发展助力共同富裕示范区建设的行动计划（2022—2025 年）》，明确提出要从“微笑曲线”的两端设计和营销入手，促进工业设计与制造业深度融合、联动发展。

（三）建立健全组织领导机制

国家政策出台后，各地认真贯彻落实中央决策部署，从顶层设计上发力，加强各级组织领导，创新组织机制建设，统筹协作推进服务型制造。

一是加强组织领导。部分地方迅速成立推动服务型制造工作的领导小组，指挥、统筹、协调各项工作任务，从多个角度将发展服务型制造的工作做好做实。在具体工作落实中，以工信系统为工作小组牵头部门，负责具体工作的协调落实。各部门加强沟通协作，结合自身职能协调解决推进服务型制造发展过程中遇到的问题。其中，科技部门协调解决技术研发创新政策支持等问题，国土、住建、规划部门协调解决项目建设用地指标、土地规划等问题，财政、金融部门协调解决项目财政和金融扶持等问题，环保部门协调解决项目环评立项、审批问题，人力资源部门协调解决人才引进、培育政策支持等问题。以东莞市为例，东莞市委市政府在 2015 年成立了东莞市服务型制造工程工作小组。工作小组由市分管领导担任组长，市工信、发改、财政、科技、商务、国土、住建、环保、人力资源、规划、税务、金融等部门为成员单位，统筹推进相关工作有效开展。

二是建立健全工作机制。部分地方通过开展联席会议制，形成领导高度重视、责任部门统筹推进、相关部门和区县联动配合的工作协调机制。重庆市创新在全国建立部市协作工作机制。2020 年 7 月，重庆市人民政府与工业和信息化部签订共同推动重庆工业设计产业发展部市合作协议，建立起部市协作联席会议机制，双方定期召开部市联席会议，共同推动重庆工业设计产业发展，目前已形成全市上下重视工业设计、应用工业设计、发展工业设计的良好氛围。成都市通过强化顶层设计，高规格建立“制造强市”领导机制，成立由市委书记和市长共同担任组长、市委市政府相关领导任副组长、市级相关部门和区（市、县）主要负责人为成员的“成都市制造强市建设领导小组”，加强对产业发展的统筹规划和政策协调，加强动态跟踪，推动工作有效落实，加快推行“智能、绿色、服务”的先进制造模式，推动先进制造业和现代服务业深度融合、双向赋能。

三是强化服务型制造专门组织建设。部分地方工信主管部门积极探索、组织谋划筹建服务型制造专家库，推动服务型制造学科体系建设。江苏省依托政府职能部门、制造企业、科研单位力量，建立江苏省服务型制造专家库。此外，部分地方组织省内重点企业、高校、行业协会，成立地方服务型制造联盟、服务型制造促进会、生产性服务业协会等平台载体，践行服务型政府理念，筑牢专业服务体系。目前已形成以中国服务型制造联盟、山东省服务型制造发展促进会、四川省服务型制造产业促进会、上海生产性服务业促进会、重庆市工业设计促进中心等为代表的组织机构，积极开展服务型制造、生产性服务业等相关政策研究、项目课题研究、咨询诊断、交流合作等工作，实现信息共享、互联互通，促进地方先进制造业和现代服务业融合发展。

（四）政策引导效果显现

产业政策对引导国家产业发展方向、推动产业结构升级、协调国家产业结构、使国民经济健康可持续发展有着重要作用。在《行动指南》《指导意见》的政策基础上，各省、市依据自身的经济发展基础，制定了具有地方特色的服务型制造实施方案或行动计划，以此推动各地区服务型制造的进一步发展。自推进服务型制造发展的政策发布以来，我国制造业服务化转型升级速度加快。

一方面，发展水平明显提高，典型企业持续涌现。越来越多的制造业企业通过创新生产组织形式、运营管理方式和商业发展模式，由以产品为中心向以客户为中心转变，由以加工组装为主转向以“制造＋服务”为主，由一次性交易产品转向长期提供服务，由以产品为价值来源转向以“产品＋服务”的组合为价值来源，服务要素在投入和产出中的比重持续提升。德勤与中国机械工业联合会联合发布的“中国装备制造业服务创新调查”报告显示，2014 年被调查的中国 198 家装备制造企业中，78% 的企业服务收入占总营业收入的比重不足 10%，只有 6% 的企业服务收入占总营业收入的比重超过 20%。自“十三五”国家积极出台政策，鼓励地方开展服务型制造示范培育工作以来，工业和信息化部3批示范企业服务收入占营业收入比重逐批提升，分别达35%、39%、48%[①]，质量效益稳步提高。

另一方面，经济效益显现，各界认识深化。在新技术发展的支撑下，在国家政策的宣传推动下，大批制造企业意识到未来不仅是产品的竞争，更是全价值链、全产品生命周期的竞争，服务是至关重要的环节。服务型制造是制造企业将自己在产品研发设计、生产制造领域长期积累的能力向服务环节的延伸。对用户来说，由制造企业提供专业化的服务，能够将自己从日益复杂的产品使用、维护工作中解脱出来，专注于自己的核心业务，或者进一步挖掘出产品的潜在经济价值。对制造企业来说，可以通过从产品向服务延伸，提高客户满意度，增强客户黏性，增强竞争优势，延伸产业链价值链，促进收入和利润增长。中国服务型制造联盟对联盟成员企业及部分国家级示范企业的调查显示，83%受访企业认为服务型制造"显著促进了销售收入的增长"，78%企业认为服务型制造"显著促进了利润增长"[②]。例如，烟台持久钟表打造了基于互联网、物联网、云计算的钟联网服务系统，为用户提供从研发设计、生产制造、安装调试到远程运维的全生命周期个性化精准时间服务，成功从单一的钟表制造商向时间同步服务解决方案提供商转型，国内综合市场占有率超过80%，是国内同行业出口量最大的企业。

服务型制造作为制造与服务融合发展的新型产业形态，广泛出现、运用于制造业的各领域、各环节，是制造业转型升级的重要方向。针对我国经济运行新情况，选择发展服务型制造，积极制定政策及发展规划，在促进制造业企业价值链升级的同时适应制造强国战略发展进程，这符合我国社会经济发展的实际情况，是一个顺应潮流、切合实际的政策选择。

① 数据来源：中国服务型制造联盟。

② 《中国服务型制造发展报告（2018—2019）》，中国服务型制造联盟专家委员会、工业和信息化部电子第五研究所编著，经济管理出版社2019年版，第43~44页。

二、强化要素供给保障，构建良好产业生态

发展服务型制造需要围绕产业发展需求，加强资源要素供给保障，不断塑造创新发展新动能，优化产业发展新生态；通过数字技术、平台载体、人才引育、智力支撑一系列要素保障，进一步助力区域和行业服务型制造发展水平的提升。

（一）兴技术，赋能产业转型升级

党的二十大报告提出，“坚持把发展经济的着力点放在实体经济上，推进新型工业化，加快建设制造强国、质量强国、航天强国、交通强国、网络强国、数字中国”。制造业作为立国之本、强国之基，是实体经济最重要和最突出的部分。《中华人民共和国国民经济和社会发展第十四个五年规划和2035年远景目标纲要》提出，充分发挥海量数据和丰富应用场景优势，促进数字技术与实体经济深度融合，赋能传统产业转型升级。在新一代信息技术加持下，深化了制造业与服务业的融合，为服务型制造的快速深入发展带来了新机遇。

目前学术界就信息技术对服务型制造的影响已进行多方研究与论证。在理论研究方面，李晓华认为数字技术推动了服务型制造创新发展，并从物理层、功能层和模式层三个方面深度剖析了数字技术赋能服务型制造的架构①。技术因素，尤其是数字技术，正是服务型制造发展的重要驱动力量。当前以数字技术为代表的科技革命正在改变传统制造

① 李晓华：“数字技术推动下的服务型制造创新发展”，《改革》2021年第10期，第72~83页。

业生产模式，数字化、智能化发展趋势也在加速制造业价值链向“微笑曲线”的两端延伸。数字技术与产业的深度融合已成为制造业升级的重要推动力。

从技术层面看，新一代数字技术提供的连接、数据、算法和算力、加工制造等能力，能够有效化解服务型制造所面临的生产成本、运行数据等问题，构建连接各类市场主体（含政府）、生产要素的数字化商业生态网络，解决商品生产和消费在空间与时间上的供需矛盾，驱动制造和服务进行无限组合，最终推动业务模式创新、管理模式变革与核心能力提升，为制造业和服务业深度融合创造新的动力基础。可以说数字技术为服务型制造模式创新、场景应用开辟了广阔发展空间。依托数字技术，智能化生产系统通过对生产过程、供应链和产品运行、用户使用过程中的海量数据进行分析，能够自动提供定制化增值服务，在满足用户多元化服务需求的同时，推动制造业由生产型制造向服务型制造转型。

我国作为全球工业门类最齐全的国家，涵盖产业链高中低端，在受新冠疫情冲击、外贸减缓的情况下，畅通国内大循环显得尤为重要。畅通国内大循环，要坚持扩大内需，依托国内大市场，有效发挥政府“援助之手”的作用，贯通生产、分配、流通、消费各环节，形成国民经济良性循环。既有文献研究表明，政府“援助之手”最为有效的目标在于促进创新、推动技术进步①。地方政府已深刻认识到，单纯依赖制造业本身的创新能力已难以完成制造业转型升级的更高要求，各地亟须以现代服务业尤其是数字技术为支撑，通过现代服务业与先进制造业的深度融合，将互联网、物联网、人工智能等新兴技术嵌入制造过程，推动制

① Stiglitz, E.Leaders and Followers. “Perspectives on the Nordic Model and the Economics of Innovation ”, Journal of Public Economics,2015,127（7）：3-16. Taylor, M.Z. “The Politics of Innovation：Why Some Countries Are Better Than Others at Science and Technology”, Oxford University Press,2016.

造企业从提供单一产品向提供“产品+服务”乃至“制造与服务深度融合”转变，推动生产制造向研发、设计、服务等高价值环节延伸，实现产业结构和产品结构的高效化、高端化。

根据太昊国际智库有关数据统计，至2022年我国已有24个省、自治区、直辖市以及青岛、深圳、宁波等多个计划单列市、副省级城市及省会城市发布了关于“数字经济”的指导意见和发展规划①。通过查阅全国各省份经济和信息化委员会网站发布的信息可以发现，截至2022年11月，全国近80%的省（自治区、直辖市）和计划单列市相继出台了制造业数字化转型方案及相关扶持政策，以期通过数据要素、数字技术等加快企业组织模式创新、产业链延伸链接、大中小融通发展和生态圈供需适配。以新一代信息技术为支撑，加快提升数字化水平，促进数字融通、信息共享，有助于加快制造业生产方式和企业形态的根本性变革。

在地方政府的引导和培育下，“数字化+”“互联网+”使得传统的制造业企业的生产模式呈现多样化，改变了生产制造的传统属性，也不断促成企业服务化转型，成为推动服务型制造发展的强大驱动力。以“数字城市”杭州市为例，杭州是制造强市，且生产性服务产业发展迅速，具有突出的互联网数字经济优势。杭州市加快发展“产业大脑+未来工厂”，全面提升了企业生产过程的服务化水平，促进了柔性化、定制化和智能化的发展；同时也提升了工业供给对于市场需求变化的适应性和灵活性。2021年杭州市规上工业企业数字化实现全覆盖，未来工厂体系建设也初见成效，涌现出一大批智能工厂、数字化车间、云端工厂，为产业链上下游企业提供全生命周期管理、个性化定制、共享制造等各类服务。杭州市拥有近500家数字工程服务机构，致力于为制造业转型赋能，

① 太昊国际：“2021—2022中国新型智慧城市建设与发展综合影响力评估结果通报”，新浪网2022年10月10日，https://news.sina.cn/sx/2022-10-10/detail-imqmmthc0351058.d.html。

为全省、全国输出数字化改造服务能力，成为产业数字化的重要推手。

（二）强配套，健全公共服务平台

“十四五”时期，发展服务型制造要进一步加强公共服务建设，建立系统的服务平台、技术平台、研究平台、传播平台等，巧借平台解决跨领域、跨产业、跨产品、跨场景的关键问题。产业创新发展的关键取决于其能否建立一个健康的产业生态系统。服务型制造的发展是对原有产业价值链条的重构，企业需要在新的生态系统中重新确定自己的价值地位。中国企业联合会、中国企业家协会常务副会长兼理事长朱宏任建议，一方面要围绕制造业服务需求，建立创新设计、物流服务、质量检验检测认证、市场营销、供应链管理等生产性服务公共平台，培育研发、法律、工程、融资、信息、咨询、设计、租赁、物流等生产性服务业体系，提升产业结构层次，加强制造业配套能力建设；另一方面，要加强信息化网络服务平台建设，积极搭建具有国际先进水平的大数据、云计算、电子商务等服务外包产业平台，积极研究工业互联网网络架构体系，加快制定面向工业互联网平台的协同制造技术标准，以及产业链上下游之间的服务规范。[①] 近年来，各地在平台建设方面不断进行探索。

一是建立健全行业专业性公共服务平台。从地方政策层面看，发布服务型制造发展专项政策的 17 个省（自治区、直辖市）都提及要加强平台建设。福建省、辽宁省、江西省、上海市等省市制定了详细的平台支撑计划，助力重点产业转型，建设共创共享服务平台等综合服务平台。各地还进一步完善从办公场地出租、行业对接、产品交易、融投资引进到知识产权保护等促进创新服务型制造发展的配套服务体系。以重

① “在制造强国大格局中谋划服务型制造”，《中国经济时报》2019 年 8 月 22 日。

庆市为代表，不断完善产业园区基础设施，推动市域开发区各类企业围绕数字化设计、智能化生产、网络化协同、共享化制造、个性化定制、服务化延伸等六大场景展开应用，不断扩大空间范围，构建以统一大市场为目标，以平台赋能为典型特征的服务型制造新生态。

此外，不少省份还提出了详细的奖励措施，鼓励创建一批面向制造业的专业服务平台、发展一批综合服务平台，并对省级及以上服务型制造公共服务平台给予一定奖励。比如，对省级服务型制造公共服务平台新增投资信息化建设项目，按项目投资额的一定比例给予补助。

二是推进建设服务信息大数据平台。党的十九届四中全会首次提出将数据作为生产要素参与分配，加快构建数据基础制度。各地积极推进大数据管理和平台建设，发挥政府部门与各类企业在数字基础设施建设、数字服务供给等方面的积极作用，努力打造贯通全产业全生命周期管理的大数据平台，建立互联互享的云服务信息大数据库模块和统一协调的云服务体系。近两年来，各地加快 5G、工业互联网等数字基础设施建设，开展工业互联网平台培育工作，持续开展“企业上云”等行动，为制造业开展服务型制造提供了技术支持和基础支撑。

福建省引导制造业、互联网龙头企业发展行业性供应链服务平台，提供快速响应的供应链管理服务，培育一品嘉、众协联等一批服务于生产制造的供应链服务平台。泉州装备制造研究所“数字化装备与柔性制造创新中心”为福建省多家装备制造企业输出数字化解决方案。青岛率先实施互联网工业强市战略，设立工业互联网发展基金，出现了以海尔集团 COSMOPLAT 平台为代表的互联网平台，形成覆盖全产业链的家电行业生态圈。

三是搭建政府主导的综合性服务平台。政府的基本职能是提供公共服务，积极推进网上办公，加大政府信息公开力度，为行业和企业提供高效的政府管理和及时的信息发布，加快向“公共服务型政府”转变。为畅通政府服务“最后一公里”，地方政府不断深化制造服务领域的行政管理体制改革，建立部门间协调配合和信息共享机制，解决政出多门、多头管理和部门分割的问题，并陆续在一些具备条件的产业集聚区设立审批、工商登记、税务、补助申报等一站式服务窗口，为促进服务型制造业发展提供良好机制和环境。

据各地服务型制造工作总结与成果报告不完全统计，全国超过 20 个省（自治区、直辖市）都已建设或正在积极建设政企综合服务平台，为两业融合、服务型制造发展提供优质营商环境。2021 年，我国电子政务在线服务指数全球排名提升至第九，超过 90% 的省级行政许可事项实现网上受理和“最多跑一次”[①]。福建、江西等省提出，在特色产业集聚区、重点工业园区建设一批区域性综合服务平台；培育一批聚焦生产性服务领域的“双创”服务平台。深圳市等认定了一批生产性服务业公共服务平台，集中在标准、计量、检验检测和认证认可等质量基础设施领域，形成支撑产业发展的重要技术和标准体系[②]。

（三）育人才，集聚创新发展动能

习近平总书记在中央人才工作会议上强调：做好新时代人才工作，必须坚持党管人才，坚持面向世界科技前沿、面向经济主战场、面向国家重大需求、面向人民生命健康，深入实施新时代人才强国战略，全方位培养、引进、用好人才，加快建设世界重要人才中心和创新高地。[③]

① “国家互联网信息办公室发布《数字中国发展报告（2021 年）》”，中国网信网 2022 年 8 月 2 日，http：//www.cac.gov.cn/2022-08/02/c_1661066515613920.htm?spm=C73544894212.P59511941341.0.0。

② 资料来源：各地方服务型制造工作成果报告、工信主管部门网站发布信息。

③ 习近平：“深入实施新时代人才强国战略 加快建设世界重要人才中心和创新高地”，《求是》2021 年第 24 期。

党的二十大报告提出，“必须坚持科技是第一生产力、人才是第一资源、创新是第一动力，深入实施科教兴国战略、人才强国战略、创新驱动发展战略，开辟发展新领域新赛道，不断塑造发展新动能新优势”。创新是引领发展的第一动力，创新驱动实质上是人才驱动，应以创新人才队伍建设积蓄产业发展后劲。服务型制造作为制造与服务融合发展的新型制造模式和产业形态，极大地体现出对制造业和服务业融合人才的需求。

2016年《行动指南》提出“加快高端化、复合型人才的培养和引进，建设‘经营管理人才+专业技术人才+技能人才’的服务型制造人才发展体系”的要求；2020年《指导意见》再次强调“强化创新型、应用型、复合型人才培养，构建服务型制造人才体系”。为响应国家号召，各地加大对服务型制造相关人才培养力度，积极出台人才引进政策以完善激励机制，多方强化智力支撑。

一方面，完善人才引进政策，多角度引入产业链高端人才。服务型制造强调制造与服务融为一体，需要的是掌握多种知识的复合型人才。拥有大量高素质劳动力一直是我国制造业的重要竞争优势之一，但近年来大量就业人员“重服务业轻制造业”、不愿进工厂的偏好突出，而传统高校培养大量理论型专业人才，缺少实践经验，高端复合型人才供给不足。为解决这一现象，各地方政府从政策端发力，强化人才引进政策，多角度、多渠道、多方位引进落地各类产业技术型和复合型高端人才。

例如，郑州市实施制造业紧缺人才引进专项，强化制造业和服务型制造、生产性服务业的人才引进，制定发布郑州市重点产业人才需求目录，实施重点产业人才支撑计划、顶尖人才引领计划、海外高层次人才集聚计划；成都市深化招才引智，以产业领军人才、产业青年英才为重点，围绕主导产业细分领域推行“企业提需求+政府给支持”，联合引进“高精尖缺”人才，实施“技能菁英”培养计划，开展“成都工匠”评选，推动未来制造工程师培养储备；无锡市制定出台“太湖人才计划”及其升级版、“锡引惠才”等12条政策、优秀大学生“锡引”工程升级版8条等政策，为全市服务型制造发展提供了人才支持。

另一方面，强化治理支撑，加大专业化人才培育力度。为满足服务型制造转型升级需求，不但要完善促进技术创新的人才管理机制，还要加快多层次人才培养体系建设，提供精准人才需求匹配，保障创新人才供给，为服务型制造高质量发展提供长足动力。罗仲伟提出“服务型制造本质上是新时代一场跨领域、跨产业、跨产品、跨场景和跨学科的产业范式和产业生态变革”，总结出了服务型制造具备“五跨”特征[①]。而服务型制造人才也同样具备跨领域、跨产业、跨学科的特征。比如，全生命周期管理、总集成总承包等模式路径的实施以满足客户多样化、个性化的需求为导向，服务功能的实现不再局限于传统的销售环节，需要扩展到研发、生产乃至销售等环节。因此需要培养能够挖掘客户需求的市场型人才、在技术分析基础上嵌入服务的技术服务型人才、沟通整体解决方案的综合服务型人才等，为客户端到端的一揽子解决方案提供人才支撑。

在服务人才方面，有些地方尝试通过运用智能化的后台生产、客服和软件系统大规模地替代人工，解决服务型制造的专业化人才短缺难题；还有些地方注重培养当地专业技术人才，加强产学研合作，围绕制造业重点领域，强化产教融合，协同育人，积极培养服务型制造及相关产业发展急需的工程技术人员、专业技术人员。杭州市临平区成立“未

---

① 罗仲伟：“服务型制造是构筑产业发展新格局的着力点”，《价格理论与实践》2021年第7期，第39~43页。

来智造工程师联盟”，并启动“全国未来智造工程师精英计划”，以盘活人才存量，扩充服务型制造人才队伍，打造全国未来制造联盟高地。重庆市深入实施工业设计专业职称评价工作，畅通设计人才职业发展通道，分层次培养和构建高级、中级、初级工业设计师队伍，探索推广CDIO（构思—设计—实现—运作）工程教育模式，建设一批工业人才培训基地，提供基于工业设计岗位和能力评价的人才全生命周期服务，培养一批复合型工业设计专业人才。

（四）建载体，加强智力支撑能力

为贯彻党中央、国务院决策部署，牢牢把握制造业服务化发展态势，把推动服务型制造创新发展作为落实制造强国战略的重要举措，作为服务型制造的业务主管部门，工业和信息化部指导成立中国服务型制造联盟、服务型制造研究院等智库机构，推动创新型载体建设。通过整合“政产学研用金”多方资源，积极搭建互动交流平台，有效发挥央地桥梁纽带作用，共同促进服务型制造发展生态建设。

1. 充分发挥产业联盟和研究院智库的作用

为整合政、产、学、研、用、金多方资源，促进制造业由生产型制造向服务型制造转变，推动强强联合与协同攻关，2017 年 2 月，由工业和信息化部指导，工业和信息化部电子第五研究所牵头整合政、产、学、研、用、金多方资源，成立中国服务型制造联盟（以下简称“联盟”）。联盟汇聚来自清华大学、浙江大学等单位的领域知名专家 300 余位，企业、园区、科研院所、高校、行业组织、服务机构、金融机构等的单位成员 200 余家，联手近千家服务型制造示范企业，围绕“服务行业的智库，支撑政府的平台”的核心定位，在推动政策落实、深化地方合作、服务行业需求、做好智库研究等方面开展了一系列推进服务型制造发展的工作，为服务型制造产业生态发展发挥积极作用。

为促进产学研结合，进一步推动科技成果转化，2020 年 9 月，在工业和信息化部、浙江省人民政府、工业和信息化部电子第五研究所、杭州市临平区人民政府、临平区国家级经济技术开发区等多方的共同努力之下，合作创建了国家首个服务型制造研究院（以下简称“研究院”），以贯彻落实服务型制造国家战略为主线，打造国家级新型专业智库。研究院同时深深扎根制造业产业种类齐全、发展水平高的核心区域——浙江，以服务各级政府产业促进需求、服务企业创新与创造需求，形成立足浙江、辐射全国的促进“两业”深度融合发展的示范工程。

联盟和研究院成立后，充分发挥自身“上接天线，下接地线”等诸多资源优势，积极与政府、企业、专家联动，精准对接央地需求，积极搭建合作桥梁，促进供需资源对接，开展全方位、多层次、多元化的深入合作，将多方资源优势整合，发挥出桥梁纽带作用，为推进先进制造业与现代服务业融合发展贡献重要力量。

2. 成功推动服务型制造扎根制造业核心区域

一是完善顶层设计，支撑各级政府构建服务型制造政策体系。联盟立足支撑政府的平台核心定位，发挥自身资源优势，积极推进服务型制造政策从国家层面逐步完善，形成体系，为地方政府推进服务型制造转型提供政策支持。

二是开展探索实践，推动服务型制造扎根制造业核心区域。结合各地政府服务型制造发展情况和水平的不同，因地制宜、因城施策。支撑长三角、珠三角、中部地区多个城市编制服务型制造政策规划，极大地促进了地方政府出台制造业和服务业融合发展的专项政策和实施方案。

三是创新央地交流途径，做好示范宣贯推广。支撑工业和信息化部开展示范遴选，通过举办大会论坛、专家授课、专业培训等多样化活动，为央地之间、政府企业之间搭建了交流合作平台，营造了良好发展氛围，极大地激发了服务型制造的发展动力。

四是打造服务型制造理念传播窗口和交流平台，全方位推广服务型制造发展理念。2021 年中国服务制造展示中心正式建成，从贴近民生的“衣、食、住、行、康、文”六大生活场景入手，打造服务型制造示范应用场景展示区，并以不同领域、不同模式的 20 家企业为案例，打造典型发展模式展示区，为各类企业在服务型制造转型和战略上的进一步深化提供思路和方向，积极打造中国首个以服务型制造为主题的展示中心，成为服务型制造对外展示的重要窗口。

3. 强力推进服务型制造知识能力供给体系建设

一是积极开展理论体系研究工作，夯实服务型制造理论基础。聚焦服务型制造、生产性服务业等有关领域，编撰出版多部著作，形成多篇高质量研究报告，取得服务型制造概念体系、标准体系、统计评价、共性技术等理论成果突破，有力推进服务制造理论研究工作。

二是加强服务型制造人才培养，强化智力支撑。创建“大众创业、万众创新”基地，积极孵化和培育一批具有发展潜质和创新能力的企业，加快推动服务型制造新型企业成长壮大。积极申报并成功创办博士后工作站，实现服务型制造高层次人才的“柔性流动”，为制造业企业开展转型升级提供高层次人力资源。

三是积极探索合作模式，共同谋划服务型制造技术供给生态。与国内众多一流高校、科研院所开展战略合作，以共建实验室推进细分领域共性技术研究。积极打造服务型制造公共服务平台，汇聚政府、专家、企业等分散化资源，为企业服务型制造转型升级提供咨询诊断和技术改造服务，推进成果转化。联合企业发起“服务型制造赋能合作伙伴计划”，培育应用服务提供商，为制造业企业服务型制造转型提供技术支撑。

三、发挥市场主体作用，推动企业发展实践

实践经验表明，以满足市场需求为导向的企业在服务型制造方面的创新性实践已走在理论研究和政策设计前面。制造企业服务型制造转型是以产品为核心向以提供高附加值的产品服务组合为主的转变。服务型制造研究院通过对近 200 家服务型制造示范企业进行分析，总结出我国企业在服务型制造转型中的几点经验，供开启服务型制造转型之路的企业参考。

一是以服务型制造为核心战略的企业在服务业务体系和支撑能力体系的构建上更为系统，同时企业转型也更有成效。在示范企业中 36.3% 的企业从公司战略层面明确提出了“服务型制造发展战略”，这部分企业有明确的服务型制造战略的提出和转变思路，企业转型也更加成熟，服务营收、服务利润和服务占比也更具优势。另外，94.7% 的企业提出了基于自身产品和能力的服务型制造转型模式，明确了服务型制造的业务体系，然而因为企业的服务型制造业务并没有上升到顶层战略，其能力的整体性稍逊一筹。

二是根据自己的制造能力体系开展相关多元化服务业务，不断摸索

更为契合本身的服务业务模式。可以看到 100% 的示范企业都具备非常典型的服务模式和流畅的服务流程。在具体服务型制造转型模式方面，目前可以看到，全生命周期管理、个性化定制、总集成总承包、共享制造、供应链管理和生产性金融是目前我国企业的主要服务型制造模式。总集成总承包的服务模式是大幅提升企业营收的最核心抓手，占比为 31.5%；全生命周期管理是装备制造业企业的通用模式，占比为 51.8%；个性化定制模式是绝大部分企业提到的典型模式，但是需要区分的是，消费品类的个性化定制强调的是大规模定制，而工业类尤其是装备制造企业强调的是更为客制化的技术解决方案，其体量是完全不一样的，强调的技术支撑能力不同。同时需要强调的是，服务模式其实是企业实践的总结，每一种模式可以适用于不同规模、不同行业的企业，同一个企业其实在实际情况中会综合各种服务模式，比如重资产装备类企业在提供服务的过程中，总集成总承包、全生命周期管理、生产性金融等服务内容需要同时提供才能给客户提供更完善的服务能力，在示范遴选的企业中提供两种以上服务模式的企业占比 67.7%。

三是建设关键能力体系以支撑服务型制造业务的发展，从已有的经验总结中，以 80% 的企业占比作为标准选取重点支撑能力，绝大多数企业强调的主要是数字能力、创新能力和人才能力三大核心能力。关于数字能力，86.4% 的企业强调了结合数字化转型培育新服务，数字基础成为培育服务能力的关键支撑；关于创新能力，96.5% 的企业强调了通过研发设计能力的提升提高产品服务能力，46.3% 的企业指出服务业的能力体系建设进一步促进制造能力的提高，83.2% 的企业明确了服务业务的盈利模式的创新对于企业创造营收、获取利润的重要性。此外，关于人才能力建设也至关重要，86.4% 以上的企业提到企业转型过程中单单是原本制造能力体系的人才是不够的，需要更多的复合型人才；同时，58.5% 以上的企业形成了具体的服务型制造人才队伍建设的措施[①]。

（一）从战略升级，由制造商向解决方案提供商转型

制造企业的服务型制造战略定位是从传统的“产品制造商”到“制造服务商”（解决方案提供商）的转变。这样的转变不应该仅仅是一个名称的转变，实际调研中看到大多数企业认为自己是解决方案提供商，但是实际上仅仅是几个自有产品的整合，尚未深入理解服务型制造的思想内涵。制造服务商的战略转变需要从企业战略高度转变企业的思维范式，从产品主导思维不断向客户主导思维转变，发现客户、挖掘客户需求并且满足客户需求，并且不断挖掘客户价值，与客户实现价值共创。企业需要从以产品为中心的组织运作转向以客户为中心的组织运作，把自己的业务能力嵌入客户的业务中，并且不断发掘提升自己的服务能力。制造服务商的战略转变需要进行企业战略规划方式、经营管理方式、商业模式、核心能力体系、管理体系、人才培养体系等一系列的变革，需要不断契合企业的服务业务体系构建相应的支撑能力体系。这也是为什么从战略上明确之后企业的转型会更加系统化，实施全面战略转型后的企业相较于粗浅尝试服务型制造业务模式的企业会有更好的绩效。国内最早探索服务型制造转型的公司，陕西鼓风机（集团）有限公司（以下简称“陕鼓集团”）、杭氧集团股份有限公司（以下简称“杭氧股份”）及陕西汽车集团股份有限公司（以下简称“陕汽集团”）均在行业产品同质化竞争期间，明确了服务型制造的战略转型，经过多年探索后，成为行业领先企业。

陕鼓集团在 20 世纪 80 年代成立后一直聚焦设备生产，但随着能源

① 根据示范企业数据分析整理得出。

设备同质化日益严重，产能过剩，行业竞争加剧。2005年，陕鼓集团开始聚焦客户需求，做客户需要的事情，相继成立了“工程公司”“服务公司”。公司战略从“单一产品制造商向能量转换领域系统解决方案和系统服务商”转变。经过10余年的探索发展，陕鼓集团发展成为集“国际十大节能技术和十大节能实践奖”“世界制造业创新产品金奖”等诸多荣誉于一身的行业排头兵企业。2016年，在通过服务型制造转型成为全球能量转换领域系统解决方案商的基础上，陕鼓集团进一步深化服务型制造战略，向智能、节能、减排、灵活的方向发展，依托技术平台进军分布式能源领域，形成以分布式能源系统解决方案为圆心，包括设备、EPC、服务、运营、供应链、智能化、金融七大增值服务的“1+7”业务模式。陕鼓集团已经连续15年行业利润第一，近年来利润占行业比重维持在40%以上。

杭氧股份一直是国内空分产业领跑者，但在20世纪末，国际工业气体大厂先后在我国办厂，公司竞争力下降。为适应行业竞争变化态势，杭氧股份主动调整经营策略，2003年进入气体服务领域，开始探索从“工业气体设备商”向“工业气体综合服务商”转型。2010年，公司正式提出“重两头、拓横向、做精品”的发展战略。2014年，杭氧股份气体业务营收占比超过设备制造，成功转型成为气体综合服务商，公司竞争力显著增强。公司克服中美贸易摩擦和新冠疫情影响，营业收入持续保持增长，近年来经营业绩稳坐国内空分行业第一。

2008年金融危机后，在陕汽集团所处重卡行业竞争环境不断恶劣的情形下，公司开始探索服务型制造转型，发展方向从传统增量市场转向存量市场，将汽车服务业务作为重要板块进行发展。陕汽集团的转型围绕“两个关注”展开：“关注产品的全生命周期、关注客户经营全过程”。在“两个关注”的过程中去发现需求、满足需求、创造需求、引领需求。2013 年陕汽集团成立了天行健车联网公司，专注于商用车车联网技术研究、应用及销售，为广大商用车用户提供安全、便捷、高效、专属的综合解决方案。陕汽集团在车联网技术的基础上陆续探索开展融资租赁、保险经纪、二手车置换、TCO 托管服务等一系列增值服务业务，打造商用车全生命周期服务平台。在商用车行业内排第八位，在重卡行业内排第三位，海外出口排第二位，企业的竞争力急剧提升。

（二）从需求出发，丰富服务型制造创新发展模式

服务型制造最典型的特征是其业务模式相较于传统的产品制造更加纷繁多样，企业可以根据自己的能力和发展方向，在价值链上挖掘多样化的服务业务，且形成众多服务模式。各级示范遴选的开展主要面向《指导意见》中涉及的“9+X”典型模式，其中总集成总承包、全生命周期管理、个性化定制、共享制造、供应链管理、生产性金融等已成为优秀企业开展范围最广、成效显著的服务模式。值得注意的是，企业发展服务型制造的过程中，服务模式的种类并非越多越好，种类的增加对于服务营收和利润一般具备“屋顶效应”，增加越多后面的边际效益越呈现递减规律。所以还是要针对企业实际情况形成合理的服务业务体系。

总集成总承包要求制造业企业依托核心装备、整合优质产业资源，建设“硬件 + 软件 + 平台 + 服务”的集成系统，为客户提供端到端的系统集成服务，在环卫装备、工控设备、能源设备、工程设备等装备制造行业广泛应用。盈峰环境科技集团股份有限公司（以下简称“盈峰环境”）是全国领先的集环卫环境装备研发制造、环境综合治理服务于一体的高新技术企业。公司充分结合设备优势、技术积累和运营经

验，与地方政府签订环卫一体化集成总包服务合同，提出适合不同区域、不同应用场景的环卫相关全体系整体解决方案，并按服务年限收取服务费用。2020年，公司年度新增环卫合同总金额125.74亿元，环卫业务年化服务金额达12.48亿元，两项指标均位列全球第一。杭氧股份通过总集成总承包为下游工业企业提供气体服务，2017—2021年克服中美贸易摩擦及新冠疫情影响，营业收入保持稳定增长，年均增速达21%。2020—2021年公司更是在疫情影响下逆势扩张，气体投资项目和营业收入实现双丰收，2021年实现营业收入118.78亿元，同比增长18.53%，利润总额达15.93亿元，同比增长40%，连续两年利润增速均超30%。2021年，公司服务收入占比为55%。

全生命周期管理是制造业企业以客户为中心，完善专业化服务体系，开展从研发设计、生产制造、安装调试、交付使用到状态预警、故障诊断、维护检修、回收利用等全链条服务，广泛应用于工程机械、关键部件、计算机通信设备、汽车制造等行业。徐州工程机械集团有限公司（以下简称“徐工集团”）通过用新一代数字技术打通业务价值链条，从产品的设计研发、工艺路线、生产制造向产业链下游的服务备件、再制造、二手车、经营租赁等“后市场”服务领域拓展。通过服务型制造转型，徐工集团实现了产品研发周期缩短30%，企业运营成本降低20%，营销成本降低20%，服务成本降低30%，“后市场”服务收入每年递增30%以上，实现单台设备备件销售额提高300%，故障处理周期缩短70%。陕汽集团通过对存量汽车的全生命周期管理服务，2020年车联网业务应用收入3.39亿元，服务业务收入占企业总收入比例达32%。服务型制造转型后，陕汽集团综合实力显著增强，市场份额从2010年不到10%提高到2021年的15%。

个性化定制尤其是大规模个性化定制是综合利用新一代信息技术，

通过整合客户个性化定制平台、规模化智能制造系统以及智慧供应链体系，在面向生活领域的制造行业，如家居、家电、纺织服装以及关键零部件等行业得到充分的应用。欧派家居集团股份有限公司（以下简称“欧派家居”）是国内综合型的现代整体家居一体化服务供应商。历经27年的发展，欧派家居探索出一种具有欧派特色的大规模非标定制产品的制造模式，在整体经济下行的情况下，营收总量从2020年的148亿元增长到2021年的205亿元，近年来平均增速21%，效益和规模远超同行企业。浙江春风动力股份有限公司（以下简称“春风动力”）是一家专业从事大排量摩托车、全地形越野车制造的全球性企业。意识到新时代摩托车休闲文化的兴起、摩托车的消费理念更加追求个性化、重视互联网科技等新特性，春风动力强调个体客户的动力摩托定制，甚至可以达到单件也可定制。目前，公司个性订单占比超过70%，开发周期缩短30%以上，单车近600道制造工序全调度制造周期可以缩短至7天以内。

共享制造是把生产制造各环节各领域分散闲置的资源集聚起来，利用数字技术弹性匹配资源，同时动态共享给需求方，提高资源效率。企业围绕产业集群的共性制造需求，集中配置通用性强、购置成本高的生产设备，建设提供分时、计件、按价值计价等灵活服务的共享制造工厂，实现资源高效利用和价值共享。由广州裕申电子科技有限公司（以下简称“裕申科技”）打造的“面向PCB（印制线路板）行业打造共享产能服务平台——‘线路宝’”，利用“工业互联网标识解析服务+物联网应用”技术，通过数字绿色生产、云智造、云加工和共享人才四个服务板块，为PCB生产企业提供产能共享服务，有效协助PCB生产企业实现数字化转型升级；为广州地区客户平均维修响应效率提升20%，运营成本下降10%，备件采购周期下降15%，客户满意度提升30%。

在纺织服装产业领域，苏州澳拓美盛自动化设备有限公司（以下简称“澳拓美盛”）是一家专注于纺织服装鞋帽行业研发生产自动化设备的科技型企业。在为各地纺织产业集群提供设备服务的基础上，为了满足当前产业发展和市场需要，澳拓美盛在原有的生产规模基础上，建立了与产业相符的共享制造平台，如江苏南通家纺产业共享制造平台、山东胶州制帽产业共享制造平台等。截至 2022 年 9 月，澳拓美盛共享制造平台项目已累计近 1200 家，加入共享制造模式的合作伙伴反馈良好，高频使用平台交易的客户满意度达到 90% 以上，为地区纺织产业的能级提升起到了重要作用。

供应链管理主要是制造业企业面向行业上下游开展集中采购、供应商管理库存（VMI）、精益供应链等模式和服务，建设供应链协同平台，推动供应链标准化、智能化、协同化、绿色化发展。被誉为“中国笔王”的贝发集团股份有限公司（以下简称“贝发集团”）以笔类产品制造为核心，主营文具、文体、文化类产品及服务。作为中国最大的笔类产品出口商、国家级制造业单项冠军产品企业，贝发集团依托全球供应链资源，建立了面向产业中小企业用户的“库商城”，采用线上会员制新零售模式，将全球范围内文创产品制造企业、经销商、服务机构、物流公司等招募为“库商城”合伙人，打通文创产业“人、货、场”，实现“帮企业会员省钱，让代理商赚钱，助中小企业品牌发展”的目标。自 2009 年贝发集团建立供应链平台以来，供应链服务收入不断增加，在营收中的占比不断提升，2019 年公司供应链服务收入 22267.95 万元，营收占比为 23.57%；2020 年供应链服务收入 71625.97 万元，营收占比为 42.07%，成为企业营收和利润的重要支柱。

生产性金融主要是领军企业整合产业链与信息链，发挥业务合作对风险防控的积极作用，配合金融机构开展供应链金融业务，提高上下游中小企业融资能力。成都云图控股股份有限公司是我国化肥行业内唯一拥有完整产业资源链的企业。公司通过区块链 + 金融模式，帮助解决农业资金短缺问题，从而吸引优秀人才留驻农村，促进现代农业技术落地。帮助经销商解决融资难问题，能够提高经销商的积极性，促进农村经济金融体系良性发展。陕鼓集团充分发挥自己的行业龙头作用，与几十家金融机构开展金融合作，推出银行保函、买方信贷、融资租赁、BOT、信托贷款、应收账款处理、产业基金等十几种金融服务模式，为供应链上下游企业提供丰富的金融服务产品。

（三）从能力提升，实现服务型制造高质量发展

1. 全方位提升创新能力，探索新服务模式

服务型制造加强了企业与客户之间的联系。与客户的频繁接触使企业能够更加深入地了解客户的需求，为企业的创新提供了方向。企业可通过商业模式创新、研发创新、产品工艺创新等全方位的创新，以支撑服务型制造的业务发展。

强化商业模式创新探索，不断丰富企业服务内容。陕汽集团自2009 年开始打造企业服务业务板块以来，在与客户的接触中，不断创新商业模式，开发增值服务，先后推出车队管理服务、TCO 托管服务等。车队管理服务为客户提供车辆定位、里程统计、油耗管理、远程诊断等新型服务。对于客户来说，能够提高运输效率，降低不必要的成本支出。针对大客户，陕汽集团提供科学主动 TCO 托管计划书，“你用车，我养车”，使客户车辆的出勤率达到最佳，保证车辆时刻处在非常好的运行状态，实现了车辆零抛锚运行。浙江中控技术股份有限公司（以下简称

"浙江中控")是国内自动化与信息技术、产品与解决方案的业界领先者。浙江中控通过服务型制造转型，从软硬件开发集成商逐渐成长为智慧工厂整体解决方案专家。在开展总集成总承包的过程中，浙江中控不断提炼智慧工厂建设经验，结合信息化、智能化技术能力，同步提供数字化智能化工厂规划、咨询服务。同时，公司针对工程服务技术含量高、设计复杂的工程设计特点，针对每一个用户的需求进行行业、装置特点等方面的分析，为用户提供专业的技术和项目管理等方面的服务。

强化服务业务反哺制造，提升制造产品工艺、技术含量。杭氧股份的气体公司为设备的技术创新提供了实验基地，形成了独特的三级实验基地，针对客户对于每小时供气量的要求不断提高，进一步强化研发能力，在每小时 6 万立方米等级空分设备成熟的市场上，研制每小时 10 万立方米等级空分设备，打破了国外垄断，达到国际领先水平，并持有每小时 12 万立方米等级空分设备的技术储备，使设备制造和气体产业更具竞争力，体现了设备和气体互相促进、共同提升的良性循环。盈峰环境通过分布于全国各地的环卫运营服务，为不断提高环卫服务效率，融合数字智能技术，强化研发设计环卫装备工艺，近年来每年都会开发多款国内国际领先的环卫工程设备，如全球首款环卫智慧机器人、全球首款全水力扫盘洗扫车、全国首款楼宇压机压缩车、全球首款绿化综合养护车等环卫装备。

强化设计能力创新，支撑客制化的服务能力。贝发集团"文创综合体"与大连理工大学、浙江大学等知名高校院所建立高水平的创新研发平台，开展产业融合性技术开发、中小企业创业培训等合作。依托国家级技术中心和国家级工业设计中心，贝发集团与来自全球各地的 250 多个知名设计机构的设计师深度合作，形成强大的新技术、新创意、新产品开发能力。公司平均每三天即可研发一项新产品，历年申请专利超过 3000 项，主导（参与）制修订国家及行业标准超过 50 项，2019 年有 3

项产品斩获国际设计大奖，即“道一”“水彩笔套装”获得德国“红点设计奖”，“几何笔”获得德国“IF 设计奖”。

2. 通过数字化能力，拓展服务型制造发展空间

新一代数字技术使制造业自身加工制造能力得到显著加强，使制造企业的服务型制造活动得以实现。同时，企业数字化能力的建设使企业在服务化转型中，将向用户提供的服务从基于能力的服务向基于数据的服务拓展，极大拓展了服务型制造发展的空间①。

欧派家居以 MTDS 终端设计营销服务管理系统、WCC 智能拆单系统、MSCS 生产调度控制系统、APS+MES 西门子柔性生产制造管理系统、MCTS 物流管理信息系统五大主干系统，融合互联网、大数据与人工智能制造，将定制家居引入智能时代，通过数字化打通销售、研发、生产制造、物流运输等全套环节，实现了“所见即所得，所感即所要、设计即制造、制造即服务”智能模式。

盈峰环境通过 IOT、大数据、移动互联网、AI、5G 技术与公司运营管理体系的高度融合，构建城市环卫服务公司“智联、统一、透明、高效、可控”的数字化运营管理体系。公司自主研发的环卫全产业链大数据云智慧环卫平台，实现对环卫项目领域“人、车、物、事”的运维服务和远程监控管理，在产品研发、设计、生产、销售、服务等各个环节实现了数字化、网络化、智能化。

上海振华重工（集团）股份有限公司（以下简称“振华重工”）为适应全球贸易对港口吞吐量及港口运营效率的更高要求，依托新一代信息技术，打造集码头服务系统设计、工程实施、定制化装备制造、全生命周期运营服务于一体的港口作业领域服务型制造领军企业。振华重工

① 李晓华：“数字技术推动下的服务型制造创新发展”，《改革》2021 年第 10 期，第 72~83 页。

通过建设数字化系统、设备数字化改造、打造数字化平台赋能港口服务，建设了港口车辆管理数字化系统、码头堆场规划系统，对港口岸桥、场桥、拆装锁销进行数字化改造，打造“ZPMC CARE+”设备巡检、维修平台、“Terminexus”配件调度运营平台，通过数字技术强化服务型制造，验证了数字化与服务型制造的相互渗透、相互促进的基本逻辑。

3. 培养专业人才队伍，提升企业服务能力

企业的发展离不开人才体系的建设，传统制造业企业强调与制造系统强相关的人才体系，比如具备产品研发能力的人才、具备制造能力的人才、具备产品销售能力的人才等。而企业服务型制造转型因为服务业务逐渐成为企业的业务支柱和核心利润来源，支撑服务业务相关的人才体系亟待加强，比如需要能够理解客户需求基于企业能力能够快速构建服务体系的服务经理、具备服务设计能力的研发人员、针对高技术装备提供专业技术服务的人员、具备能够理解服务业务梳理面向服务业务的财务管理的人才等。

杭氧股份通过创建管理、技术、技能“三支人才队伍”职业生涯通道，打造复合型人才培养模式；完善人才梯队与储备干部培养机制，打造人才“蓄水池”，为各板块业务发展源源不断地输送人才。同时，倡导内部人才流动，形成各产业板块、各气体区域人力资源共享、全国统筹调度的局面，加快了杭氧股份服务板块与制造板块的融合，促进服务型制造的发展。根据业务发展的需要，不断完善管理团队建设，杭氧股份气体产业的发展分为八大区域，区域团队的成员包括区域总经理、销售、财务、运行等人员。此外，通过项目化管理等，加强公司总部、各职能部门与区域的联动，协调推进。陕汽集团建立专业团队及挖掘机制流程，针对细分市场挖掘客户需求，培养专门的产品咨询师，用于给客户提供整体解决

方案，开展校企合作项目，培养专门的服务人才。盈峰环境在转型服务型制造过程中，为确保服务过程的设计能有效实施，在四大营销公司设置90名复合人才，驻外一线销售人员近880名，覆盖全国300多个地级市。

四、开展示范总结宣贯，营造良好发展氛围

（一）开展试点示范

开展各级服务型制造示范遴选工作是推动服务型制造发展的重要抓手。示范遴选的目的是树立标杆、强化引领，让广大企业和地方学有榜样、行有楷模、赶有目标。

1. 示范效应逐步显现

自2017年起，工业和信息化部已连续开展三批服务型制造示范遴选工作。2022年，第四批服务型制造示范遴选和前三批评估评价工作正在进行。经各地工业和信息化主管部门推荐，前三批共遴选出151个示范企业、117个示范平台、135个示范项目，以及15个示范城市，示范效应逐步显现。

从区域[①]分布来看，三批国家级服务型制造示范企业（项目、平

① 根据国家统计局划分办法，我国的经济区域划分为东部、中部、西部和东北四大地区。东部包括：北京、天津、河北、上海、江苏、浙江、福建、山东、广东和海南；中部包括：山西、安徽、江西、河南、湖北和湖南；西部包括：内蒙古、广西、重庆、四川、贵州、云南、西藏、陕西、甘肃、青海、宁夏和新疆；东北包括：辽宁、吉林和黑龙江。

台）中，东部地区入选数量最多（共计 205 个，占 51%），西部地区居次（共计 81 个，占 20%），中部地区（共计 76 个，占 19%）和东北地区（共计 41 个，占 10%）随后。三批入选数量位列前 10 名的省（区、市），东部地区占 6 席，中部地区占 3 席，东北地区占 1 席。综合来看，东部地区优势明显，中西部地区入选比例上升较快，服务型制造发展水平与区域制造业发展水平基本一致。

从行业分布来看，示范主体行业分布广泛、主要行业均有涉及，三级工业门类覆盖率超 50%，共有 100 余种，行业覆盖面不断扩张。排前三位的行业分别是机械装备（31%）、仪器设备（9%）、电子电器（9%），共计占比将近 50%[①]（见图 3–1）。

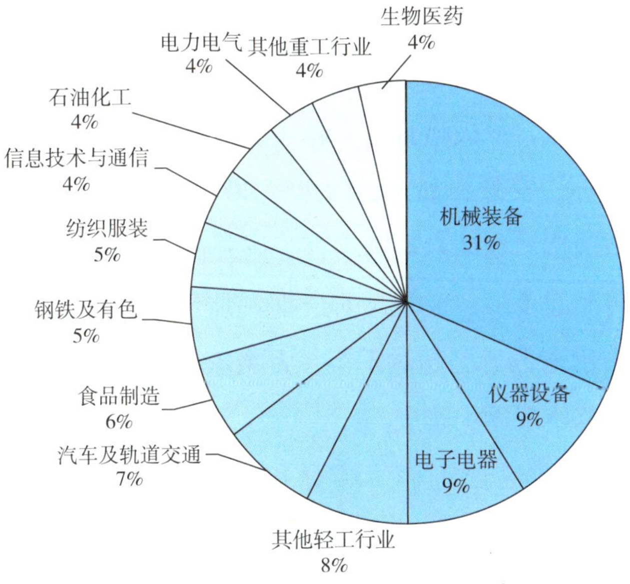

图 3-1 服务型制造示范遴选行业分布情况

资料来源：中国服务型制造联盟统计。

从质量效益来看，三批示范企业服务收入占营业收入比重逐批提

① 中国服务型制造联盟、服务型制造研究院：《中国服务型制造发展报告（2021）》，社会科学文献出版社 2021 年版，第 24 页。

升，分别达35%、39%、48%，质量效益明显提升（见图3–2）；资产负债率逐批下降，分别为50.09%、48.99%、48.61%，杠杆水平有所下降，供给侧改革初见成效。

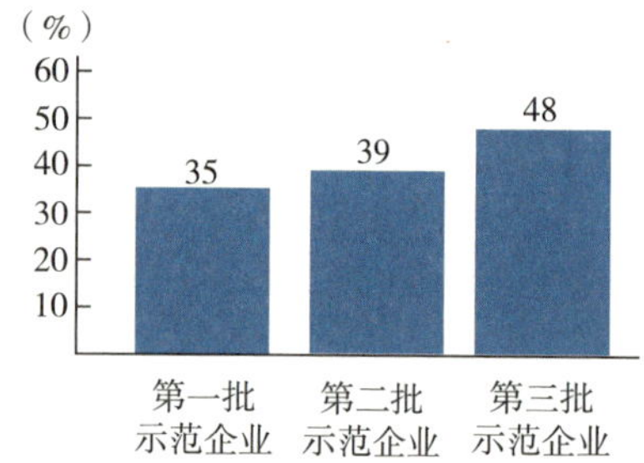

图 3-2　服务型制造示范企业服务收入占营业收入比重情况

资料来源：中国服务型制造联盟统计。

全国各地除组织申报国家服务型制造示范以外，还开展了省级服务型制造示范遴选工作。部分有条件的地方先行先试，开展了市级服务型制造示范遴选工作，积极培育探索新业态、新模式、新经验。目前，辽宁、浙江、江苏、安徽、福建、四川等20余个省（区、市）开展了多批省级服务型制造示范试点遴选培育工作，在一些重点模式领域遴选出一批服务化转型起步早、成效大的企业。据不完全统计，开展示范遴选的地区，地方示范数量已超过千个，万余家企业参与遴选，高影响力、强推广性的示范体系逐步建成。

通过各级示范遴选工作，培育和发现了一批示范带动作用强、可复制可推广的典型经验，及时跟踪、总结、评估示范过程中的新情况、新问题和新经验，发挥了先进典型引领带动作用，促进了模式创新和应用推广。同时，通过精准施策、梯度培育、重点支持，企业发展服务型制造的意识得以强化，行业排头兵特征更加凸显，疫情期间示范企业显示出良好的生存和发展韧性，为“六稳”“六保”提供有力支撑。

2. 发展模式亮点各异

服务型制造包括多种新业务模式和新型产业形态。中国服务型制造联盟统计数据表明，目前我国四大区域内各企业开展的服务型制造模式，主要涉及定制化服务、供应链管理、全生命周期管理、总集成总承包、节能环保服务、检验检测认证、生产性金融服务等（见图 3-3）。

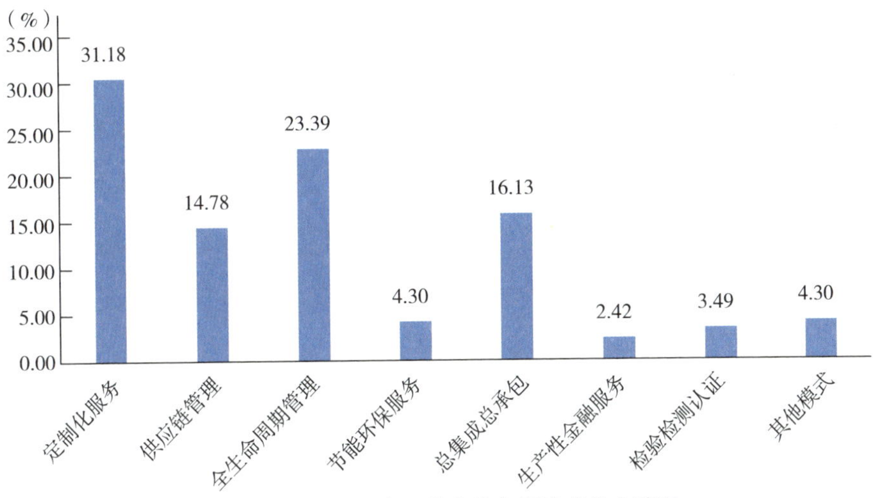

图 3-3　服务型制造示范企业申报模式分布情况

资料来源：中国服务型制造联盟统计。

东部地区定制化服务覆盖最广（29.9%），全生命周期管理次之（28%），总集成总承包（21.3%）、供应链管理（12.2%）模式随后。部分制造业企业逐步尝试提供节能环保服务（3.7%），头部企业开始探索生产性金融服务（2.4%）。出现了烟台持久钟表、江苏双良节能等以全生命周期管理模式为特征，福建龙马环卫、上海卡斯柯信号等以总集成总承包为特征，青岛海尔、深圳五鑫科技等以供应链管理为特征，小米、雅莹等以信息增值服务为特征的服务型制造示范企业。

中部地区服务型制造应用模式中，约 28.8% 的企业采用了全生命周期管理，20.9% 的企业运用了定制化服务与总集成总承包服务模式，14.3% 的企业开展了供应链管理，涉及节能环保服务、检验检测认证、生产性金融服务以及信息增值服务模式的企业占 15.4%。逐步涌现出以阳光电源、盈峰环境为代表的总集成总承包服务，以大信厨房为代表的定制化服务、信息增值服务，以铁建重工、远大空调为代表的全生命周期管理等模式路径。

西部地区开展的服务型制造模式与其他地区基本一致。其中，定制化服务覆盖最广（29.1%），全生命周期管理次之（22.8%），供应链管理（17.3%）、总集成总承包（15%）紧随其后；发挥生态资源优势，积极响应国家“双碳”目标，节能环保服务占比达 7.1%；不断开拓检验检测认证市场（5.5%）；生产性金融服务、信息增值服务尚处于萌芽阶段。西部部分企业逐步探索出具有典型服务型制造特征的发展路径，如陕西省西安市作为制造业大市，率先推广“陕鼓模式”和“陕汽模式”，完成了“生产型制造”到“服务型制造”的转型升级，对全省乃至全国主要产业领域产生了良好的带动作用和示范效应。

东北地区服务型制造主要采用定制化服务（28.9%）、全生命周期管理（26.3%）、供应链管理（18.4%）、总集成总承包（18.4%）和节能环保服务（7.9%）等模式。依托传统重工业基地，沈鼓集团、三一重型装备等装备制造企业不断探索推广全生命周期管理、供应链管理等模式路径，逐步涌现出工业服务、检验检测认证等服务平台。

此外，工业和信息化部于 2018 年、2021 年开展了两批服务型制造示范城市遴选工作，遴选出服务特色鲜明、配套体系健全的 15 个示范城市。其中，东部地区获评 12 个示范城市（区），分别为苏州市、嘉兴市、泉州市、广州市、厦门市、无锡市、杭州市、青岛市、宁波市、烟台市、深圳市、上海市浦东新区；中部地区郑州市获评；西部地区成都市、重庆市获评，每个示范城市（区）在发展服务型制造方面各具特色。

综合类服务型制造示范成效在发展上各有侧重：苏州市以高新技术产业的优势带动发展服务型制造；嘉兴市以互联网引领服务型制造发展；泉州市以服务型制造引领传统产业转型升级；郑州市重点以跨境电子商务的发展优势发展服务型制造；广州市以定制加技术驱动创新引领发展服务型制造；厦门市以先进制造业优势发展服务型制造；无锡市以领军龙头企业带动发展服务型制造；杭州市以数字经济强劲支撑发展服务型制造；成都市以生态培育发展服务型制造；青岛市以智造助推发展服务型制造；宁波市以先进产业集群带动发展服务型制造。上海浦东、烟台市、重庆市、深圳市成为工业设计特征鲜明的示范城市。

（二）总结典型经验

自各级服务型制造示范遴选工作开展以来，一批批服务型制造优秀企业、项目和平台竞相涌现，各地典型经验做法逐步被发掘，政产学研各方纷纷以案例汇编、课题研究、学术研讨等多样化的形式开展经验总结工作。

一是开展案例汇编总结典型经验。服务型制造作为一种新业态、新模式，无法从学理上进行简单描述。各地通过案例汇编，汇聚典型经验，跟踪前沿且服务实践，让地方企业学而有形、行而有道。比如，江苏省苏州市、无锡市作为服务型制造示范城市，汇聚了大批服务型制造示范企业，形成了不同模式的典型路径经验。江苏省组织各地区实施

1000家制造业企业服务型制造提升行动，汇聚形成《服务型制造典型案例汇编》。其中，苏州市工业和信息化局组织第三方行业联盟，编写《苏州市服务型制造典型案例汇编》，聚焦定制化服务、全生命周期管理、总集成总承包、供应链管理4个典型方向，从全市服务型制造示范企业中挑选出50家典型企业，对标典型模式，展现本地优秀企业创新发展服务型制造的时代风采，进一步提炼地方特色经验。此外，无锡市政府同样组织编写了《无锡市服务型制造典型案例汇编》，对10家企业6种模式进行榜样宣传，发挥典型企业示范引领作用；宁波市经济和信息化局联合服务型制造研究院编写了《服务型制造在宁波（2022）》，总结了宁波市服务型制造总体情况，梳理阐述了医药制造、信息技术、纺织服装等行业15家示范（培育）企业创新性实践案例，分享关于发展服务型制造典型经验。

二是深入开展服务型制造课题研究。部分省市开展服务型制造前瞻项目研究、积极尝试服务型制造理论与评价体系研究，内涵与外延普及不断深入，新模式、新理念愈加深入人心。例如，上海率先开展“服务型制造统计方法与评价指标”研究，从制造业企业的服务投入和服务收入角度，形成了服务型制造的评价指标体系和模型，旨在分行业衡量制造业企业的服务水平并指导其向服务型制造转型；福建省组织开展“福建省先进制造业和现代服务业融合发展研究”“福建省‘十四五’服务型制造发展研究”两项省级课题研究，进一步梳理总结福建省两业融合和服务型制造发展现状和典型案例。

三是持续举办学术论坛研讨。自2017年9月起，中国服务型制造联盟连续组织召开了4次“服务型制造50人论坛”研讨会，结合当下经济发展和产业变革热点话题，开展前瞻、多元的高端对话。论坛秉持“聚焦中国，引领世界”和“跟踪前沿，服务实践”的原则，开展服务于中国制造转型发展的重大前沿和战略问题研究，深度解析新经济、新技术、新业态、新模式对供给侧结构性改革和发展方式转变的支撑和引领作用，打造制造业创新发展的新概念、新范畴、新表述。通过对服务型制造概念体系等基础理论问题、服务型制造发展共性技术等前沿问题展开讨论，从多个视角为中国制造业转型升级和创新发展建言献策，推动服务型制造理念在内涵与外延、核心要素、典型模式等多个方面形成一定共识，为推动服务型制造发展奠定理论基础。研讨成果为中国制造转型升级和创新发展献策献力，为中国服务型制造的发展提供高端智慧。

四是创新开展服务收入测算研究征集评选，助力精准衡量中国企业服务型制造发展水平。中国服务型制造联盟于第五届中国服务型制造召开之际，举办“制造企业服务收入测算主题论坛”。来自高校、企业的专业研究团队为制造企业服务收入测算带来了新模型、新方案，有助于企业精准衡量服务型制造发展成效，突破服务型制造转型困境。从国际平均水平看，制造企业服务收入占营业收入比重在30%左右。世界500强中约有20%的企业服务收入达到50%左右，有的甚至达70%以上。相比之下，由于我国尚未形成统一的测算研究方法，制造企业服务收入计算方法差异较大，企业对服务的价值和重要性认识不足。制造企业服务收入测算研究不仅关乎企业的战略制定和转型成败，也涉及服务型制造发展评价、理论研究、理念推广等，有助于为精准衡量企业服务型制造发展水平提供科研支撑。通过征集一批具有普适性且易于操作的制造企业服务收入测算方案，重点发掘和培育一批科研创新团队，探索“发现—遴选—培育”新机制，将推动相关项目研究和成果转化，为促进制造业高质量发展提供有益借鉴。

（三）着力宣贯推广

为进一步落实《行动指南》《指导意见》的有关要求，牢牢把握制造业与服务业融合发展态势，助力制造业高质量发展，中央政府积极搭建互动交流平台，各地纷纷响应，共同组织开展系列活动，加强服务型制造创新应用宣贯推广，营造良好发展环境。

一是通过举办中国服务型制造大会，共同推进服务型制造理念传播和应用深化、促进区域协同发展。自 2017 年以来，中国服务型制造大会成功举办了五届，已成为推动我国服务型制造发展的重要交流合作平台。2017—2022 年，工业和信息化部产业政策与法规司先后在广东省广州市、福建省泉州市、河南省郑州市、浙江省杭州市举办中国服务型制造大会。大会围绕有关服务型制造发展热点主题，通过多种形式，成功打造了跨地域、跨领域的经验交流和思想碰撞平台，成为服务型制造领域最有影响力的年度盛会。通过大会搭建的交流平台，逐步增强社会各界对服务型制造理念的认知，同时不断增强有关的研究，以成果解决方案促进制造业企业的服务型制造转型升级，实现制造企业的高质量发展，助力制造强国建设。

二是持续开展“服务型制造万里行”主题系列活动，推动服务型制造走进重点地区、重点行业，走进中小企业。根据党中央、国务院关于发展服务型制造的决策部署，工业和信息化部于 2016 年 7 月正式启动了“服务型制造万里行”主题系列活动。依托万里行互动分享平台，各方进行深入交流研讨，带来思想碰撞、认识提升和发展机遇，共同推动服务型制造更好更快发展。万里行系列活动借助学者解读、专家演讲、企业经验分享等多种形式，对服务型制造新理念、新经验、新示范进行全方位、多角度的宣传推广，帮助企业进一步了解了服务型制造转型升级的概念内涵、相关政策、重要意义，极大地激发了企业转型升级的积极性。依托中国服务型制造联盟、地方政府、制造业企业和行业协会等社会各界资源，截至 2022 年 10 月，“服务型制造万里行”已开展了 20 场活动，吸引近万人次参加，先后走进南京、成都、鄂尔多斯、沈阳、许昌、福州、兰州、广州、鞍山、鹰潭、烟台、泉州、昆明、雄安、杭州、长沙、东莞、无锡、宁波等 19 个城市，行程近 30000 千米，区域影响力持续扩大[①]。

三是以专家巡诊授课为地方“把脉问诊”。政府、企业、学界多方开展互动交流，共同探索服务型制造转型升级路径，逐步形成“政府引导、企业主体、协会参与、平台支撑”的推动服务型制造发展新格局，全面提升地方服务型制造发展水平。比如，福建省通过举办“服务型制造八闽行”活动，邀请服务型制造专家，国家、省服务型制造示范企业代表，开展政策宣贯、服务型制造发展典型经验分享，分析企业服务型制造转型过程中出现的问题，帮助企业解决在服务型制造转型中存在的堵点、难点、痛点问题，提升制造业企业研发、生产、管理和服务的水平，推动业态模式创新；无锡市每年召开全市服务型制造推进会，围绕“服务型制造的实施路径和商业模式”“制造业服务化升级”等多个专题进行专家辅导，为全市制造业企业服务化转型升级提供了借鉴；四川省在全省开展“服务型制造进市（州）、进园区、进企业”系列主题活动，每月一场活动、每年一个主题，通过专家授课、案例分享和座谈交流等形式，宣传服务型制造理念政策和方法路径。

四是积极开展服务型制造有关培训。各省区市积极举办服务型制造企业专题培训会，主要从企业战略制定、战略实施、案例分享、国际经验与模式等方面设置课程，助力企业深入了解服务型制造，打造符合自身条件的转型之路。2018 年 11 月起，江西省工业和信息化厅联合中国

① 数据来源：中国服务型制造联盟统计。

服务型制造联盟举办江西省服务型制造 MBA 总裁研修班。研修班采用多次、长期培训模式以及课堂教学与专题讲座相结合的方式，安排学员走进服务型制造优秀企业，进行游学式研究、诊断式教学。浙江省服务型制造新载体新思路新业态主题宣贯活动于 2021 年 12 月启动，活动采用集中宣贯、一对一宣贯、走进企业宣贯等灵活多样的形式开展，覆盖 6 个地市、38 个区县。

五是以创新大赛激活“制造 +”融合。发展服务型制造作为培育壮大经济新动能的重要举措和建设制造强国的重要途径，各省区市纷纷探索制造和服务融合发展路径，由生产制造向“制造 + 服务”转变，涌现出一批新型产业形态。泉州市积极推进工业设计与制造业创新融合，从用户需求出发，以工业设计推动制造业企业向价值链中高端延伸。福建省连续举办“海峡杯”工业设计（晋江）大赛，结合县域经济特色，每年定期举办行业性工业设计大赛。烟台市积极开展高水平工业设计赛事，自 2019 年起连续举办 4 届烟台市“市长杯”工业设计大赛，企业工业设计水平与实力得到充分彰显。烟台市被世界工业设计大会组委会授予 TIA 创新城市奖，积极打造全球工业设计创新产业集聚平台、设计创新者的合作共创平台、设计创新产业链的发展平台、设计创新人才的培育平台，取得了一系列丰硕成果①。

五、打造示范城市名片，共筑城市合作网络

产业是城市发展的经济基础，城市是产业发展的空间载体。城市更

① 资料来源：各地方服务型制造工作成果报告、工信主管部门网站发布的信息。

新以产业升级为核心驱动，产业变革则以城市转型为基本依托。作为产业融合的重要途径，服务型制造的创新实践必然率先在城市中涌现。由工业和信息化部表彰的服务型制造示范城市，是以城市为支撑推动服务型制造深化发展的领先者、佼佼者。在服务型制造迈向更高阶段的历史进程中，示范城市的引领、带动作用至关重要，为此加强示范城市间的联系、促进相互交流与合作、积极探索建立示范城市合作伙伴关系就成为时代赋予的重大课题。

（一）杭州市构筑数字产业领先优势，探索数字服务发展之路

杭州市作为浙江省现代服务业中心城市和长三角现代服务业中心，深入贯彻服务型制造理念，以数字产业服务化、新兴产业服务化以及传统制造业转型升级为切入点，将高端服务理念和系统与制造业转型升级紧密结合。近年来，杭州充分发挥数字经济和高端服务业发展优势，以发展壮大工业设计、数字经济等相关产业，促进制造业和服务业深度融合及培育服务型制造企业（项目、平台）为抓手，大力实施新制造业计划，探索出以服务理念引领升级、以数字技术支撑升级、以集群协同带动升级为鲜明特色的服务型制造发展路径，充分发挥数字经济和高端服务业优势，推动制造业和服务业双向融合的制造业高端化转型升级，在服务型制造领域已有广泛实践。

1. 依托环境资源优势，服务型制造强势突围

近年来，杭州市积极发挥数字经济先发优势，围绕制造业高质量发展，加强政策引导，优化营商环境，厚植发展土壤。从产业链延伸来看，杭州市的生产性服务业迅速发展，通过瞄准新制造业服务链薄弱

环节，加快发展科技研发、信息服务、检验检测、认证认可、工业设计等高端生产性服务业，强化对制造业科技研发、产品质控、市场管理等服务环节的支撑作用。从平台建设来看，国内唯一的服务型制造研究院立足杭州大本营，探索成为国内领先的国家级新型专业智库，支撑国家服务型制造和推动制造业高质量发展，突破重点行业发展模式瓶颈和共性技术问题，解决企业服务型制造转型的产业化和工程应用问题，积极以服务理念推动制造业转型升级。从企业实践来看，一些行业特色优势企业已将研发设计和系统解决方案作为重要业务，大力发展创新设计服务、定制化服务、全生命周期管理、信息增值服务等模式。如巨星科技实施的“基于数字化设计的智能工具芯片专用模组”填补了国内激光测距专用模组的空白，两年完成研发、试生产，进一步提高了国内激光测距产业的国际竞争能力。杭州借助生产制造商、服务商、研发机构、公共服务平台的优势，积极打造服务型制造生态圈。

2. 瞄准数字技术新动能，服务型制造加速成势

杭州紧抓历史机遇，依靠科技创新和体制创新“双轮驱动”，重点围绕数字制造、数字服务、数字消费等方面精准发力，撬动传统制造业提质增效，推进先进制造业和现代服务业协同发力。2021 年，杭州数字经济核心产业主营业务收入突破 1.6 万亿元，占浙江省近六成；增加值达 4905 亿元，占 GDP 比重超过 27%[①]。杭州紧抓重塑全国数字经济第一城，打造科技铸魂、智能物联强链、企业梯队培育、数字赋能转型、业态模式创新、数据要素激活、数字基建提升和数字治理变革的“杭州智造”，扎实推进“一号工程”，为服务型制造转型提供有力的数字化能力基础。在全域数字化改造氛围驱动下，杭州市全面实施“机器

① “全国数字经济第一城 杭州为何要重塑？”，《浙江日报》2022 年 10 月 9 日。

换人”“工厂物联网”“企业上云”等专项行动，深入推进数字化改造“百千万”工程，推进物联网、云计算、大数据、人工智能与制造业深度融合，鼓励推动数字化工厂整体解决方案，成为全国首个规上工业企业数字化改造 100% 覆盖的城市，用地 3 亩以上的规下企业数字化改造覆盖率达到 80%，厚植杭州“网络化集成制造”和“产业生态自我进化”能力。截至 2021 年，杭州市各类数字化工程服务机构近 500 家，为浙江省输出了 70% 以上的数字化转型服务能力。云计算能力排名全球前三、亚太第一，为全国提供了 50% 的云计算服务。杭州市已逐渐形成以互联网企业、制造业企业、传统软件企业和通信运营商企业为代表的数字技术服务“新四军”，有力地推动了服务型制造的蓬勃发展。

3. 借力集群效应，助推服务型制造规模化

杭州市以信息经济为引领、现代服务业为主导、先进制造业为支撑，积极构建国际一流产业集群助推服务型制造规模化，通过“重点产业平台 + 特色小镇 + 孵化器 + 众创空间”创新平台梯次布局，加快形成“科技创新、智能制造”产业发展态势。信息技术服务作为杭州市优势主导产业，入选国家战略性新兴产业集群名单，以“专精特新”为导向，已经形成了以阿里巴巴、海康威视、大华科技、恒生电子等龙头企业为引领，690 多家规模以上企业集聚，28 个市级以上创新公共服务平台相配套的庞大产业集群，在驱动全市创新、促进高质量发展、带动区域综合竞争力中的作用日渐增强。杭州市注重强化生产性服务业支撑，积极开展生产性服务类小微企业园认定工作。目前，已审核认定 202 个小微园区，其中生产性服务类园区 146 个，占全市园区总量的 70% 左

右[①]，并重点建设国家级“双创”示范基地、中小企业公共服务示范平台、四星五星级园区、数字化示范园区等。位于萧山区的长三角国际珠宝产业园，以新消费联动新制造，通过创新产品、系统、服务及体验活动，紧密联系研发设计、技术、制造与消费者，推动工业设计与制造业、文旅产业等深度融合，紧密联动时尚设计类高校、检验检测认证等机构，协同打造以珠宝时尚产品设计研发、加工制造、展示发布为主的一体化时尚制造平台。杭州市大力推进产业结构战略性调整，创造新供给，激活新需求，推进产业迈向中高端，塑造“杭州质量”。

（二）广州市依托高新技术产业，增强“定制之都”品牌效应

广州市是华南地区的政治、经济和文化中心，素有“千年商都”之称，是全国三大综合性门户城市之一，制造业基础雄厚，服务业发达，具有制造服务深度融合的良好底蕴。近年来，通过国家战略联动厚植发展服务型制造优势，瞄准“微笑曲线”两端的高附加值产业，加快制造业产业链、价值链双提升，成为联合国工业发展组织“定制之都”案例城市，实现了服务型制造新业态，推动了制造业转型升级，为“广州制造”注入新动能。在未来制造业发展蓝图中，广州市将紧密围绕“双循环”和高质量发展战略，强化数字基础设施建设，加快提升工业互联网创新能力，推动制造业数字化转型，推进制造业与服务业融合发展，协同粤港澳大湾区建设一批世界级先进制造业集群，积蓄高质量发展强劲势能，加快实现广州老城市新活力、“四个出新出彩”。

① 资料来源：各地方服务型制造工作成果报告、工信主管部门网站发布的信息。

1. 优化战略支撑服务型制造高端化

广州市全面构建创新平台体系，面向世界科技前沿、国家重大需求、国民经济主战场，着力加强“0+1”的原始创新和科学发现，构建“1+1+4+4+N”战略创新平台体系，推动形成“一区三城多节点”服务型制造创新网络。《广州市 2021 年推进科技创新领域新型基础设施建设实施方案》中提出“以创新国家实验室为引领、以粤港澳大湾区国家技术创新中心为支柱、以 4 个重大科技基础设施为前沿研究战略支撑、以 4 个省实验室为原始创新主力军、以多个高水平创新研究为技术供给主平台的具有广州特色的‘1+1+4+4+N’战略创新平台体系”的硬核布局。广州市积极打造高端行业交流平台，举办首届中国服务型制造大会、世界超高清视频（4K/8K）产业发展大会、中国工业互联网大会、中国（广州）人工智能与数字经济融合大会、中国首届定制家居“智慧云展”、首届全国个性化定制峰会等大型活动，展示广州市高质量发展新名片。强化复合型人才支撑，深入实施“1+4”人才政策，设立驻海外办事机构，引进急需的“高精尖缺”产业领军人才。结合重点领域人才需求，有的放矢地培育与引进适用人才，在战略、人才、金融支持、营商环境等领域多措并举营造产业服务化良好生态。

2. 数产融合实现服务型制造跨界创新发展

领先的信息基础设施为广州市制造企业开展网络化、智能化、服务化转型提供了坚实的基础。广州市作为“中国软件城市”，信息和软件服务企业近 20 万家，有 2000 多家软件和信息技术服务企业为国家高新技术企业，占全国高新技术企业总数的 30% 以上。典型应用场景加快推广，并逐步向核心生产环节渗透，成功打造了京信通信、昊志机电等示范园区和一批应用示范标杆。比如，达意隆入选国家级“5G+ 工业互联网”公共服务平台；京信通信通过研发面向各类具体业务场景的“5G+ 工业互联网”解决方案，实现基于 5G 的远程技术支持、生产制程高清标识、数字化车间管理等 8 个场景实践应用，实现设计、生产各环节的互联互通。在智能化生产、网络化协同、服务化延伸等模式创新方面打造了一批应用标杆企业。如美的华凌制冷将企业内部和供应链上下游资源、生产能力和市场需求进行有效对接，打造智能工厂，实现人、产品及设备实时联通，订单交付周期从 22 天下降至 9 天，渠道库存下降 60%，制造效率提高 22%，成功入选达沃斯“全球灯塔工厂”。

3.“广州定制”推动“产品 + 服务”价值延伸

针对广州市优势产业特色，把规模化个性定制作为服务型制造的发展特色，实施“定制之都”示范工程，首批评选出欧派、索菲亚、小鹏汽车等 21 家示范（培育）单位，通过组团宣传、召开新闻发布会、走访企业等方式推广定制设计和柔性制造模式，普及规模化个性化定制服务。广州市是中国定制家具的发源地及集中地，有着不可比拟的产业基础与先天优势，广州及周边地区集聚上下游企业 1000 余家的近千亿产业集群，初步形成全国规模最大、品类最齐全的定制家居产业集聚地，为家居定制化提供全产业链支撑，先后培育了中国第一家上市定制家居企业、中国定制家居第一展，打造了“家居定制看中国，中国定制看广州”的佳话。欧派、索菲亚、尚品宅配 3 家企业位列全球定制家居前五。定制家居企业在疫情之下纷纷逆势增长，其中，龙头企业欧派家居通过设计制造一体化、多基地协同生产、数字化智能工厂等运营举措为消费者提供“一体化设计、一揽子搞定”的家居装修整体解决方案，成为国内第一家股票市值突破千亿元的家居企业。一批行业龙头和中小企业在发展服务型制造方面进行了富有成效的探索。

（三）构建示范城市合作网络

服务型制造在助力未来城市建设方面有重要作用。从产城关系来看，服务型制造的发展能够进一步推动城市功能的完善、城市品质的提升，助力现代城市高能级发展。加强城市间在服务型制造领域的交流与合作，有助于促进各类要素合理流动和高效集聚。通过构建城市网络，城市间发挥各自产业、技术、装备、人才、智力等方面比较优势，积极寻找高质量发展的最佳结合点，取长补短，互通有无，组团发展，形成合力，进一步塑造城市创新能力和核心竞争力。

在服务型制造向更高阶段迈进的过程中，城市间合作成为城市提高核心竞争力与互利共赢的必然选择。随着城市经济的不断发展和城市规模的扩大，城市间由竞争向合作转变也是必然趋势，其中除了市场机制的直接作用外，政府间的合作意愿和利益协调是各城市协同发展与合作的关键。

近年来，各地方政府在城市合作方面进行了有益探索，积极构建示范城市合作网络。在 2022 年 8 月召开的第五届中国服务型制造大会上，在工业和信息化部及地方政府的推动下，已入选的 15 个国家级服务型制造示范城市正式建立合作伙伴关系，积极探索长效合作机制，共同发布“服务型制造示范城市合作伙伴倡议”并开启合作，实现以服务型制造牵引城市高质量发展，进一步推动服务型制造向纵深发展，携手共创服务型制造对产业提升的发展红利，促进城市政策互鉴、资源共享、能力互补、发展互利。此外，2021 年 6 月，长三角三省一市（上海市、江苏省、浙江省、安徽省）工信主管部门共同发布了长三角地区一体化推进服务型制造发展合作倡议，将共同发展服务型制造作为推进长三角一体化发展的重要举措和切实抓手，共谋服务型制造新篇章。

目前产业链供应链尤其是制造业中的高端环节正在向城市集中，目的在于依托大城市更好的配套资源、人才集聚优势来进行培优。服务型制造示范城市网络的构建，对促进城市间交流与合作，推动资源、人才等各要素的流动和集聚具有重要作用。根据《服务型制造示范城市合作伙伴行动方案》，服务型制造示范城市合作伙伴以构筑创新、高效、持续、包容、互信的服务型制造产业体系为目标，以城市间合作网络为纽带，促进服务型制造示范城市深化交流、共享发展、互利合作，重点将从政策制定、调研交流、引资引智和经验推广等方面开展工作。各示范城市将服务型制造创新发展作为积极落实国家战略、推动城市高质量发展的重要方向和路径，融入城市发展规划，先行先试，开放包容，加强示范城市间的产业交流与合作，共享发展理念和发展资源，共筑服务型制造城市发展共同体，发挥服务型制造示范城市的引领带动作用，为中国城市治理和制造业高质量发展探索有效路径。

第四章

加快推动服务型制造高质量发展的思路和对策建议

党的二十大报告中指出，高质量发展是全面建设社会主义现代化国家的首要任务。服务型制造基于制造的立场考虑制造业和服务业的融合发展，强调牢牢把握强化制造能力这个根本和关键，并通过融合服务要素、强化制造业服务供给能力来推动制造业技术水平和竞争力的提升，是产业融合发展的主攻路径，是增强国内大循环内生动力和提升国际循环质量的重要抓手，对制造业高质量发展起到至关重要的作用。

发展服务型制造是以党的二十大精神为指引，紧扣“十四五”规划和 2035 年远景目标，深入贯彻新发展理念，以供给侧结构性改革为主线，充分发挥市场在资源配置中的决定性作用，促进制造业提质增效和转型升级。服务型制造发展的近期目标是到 2025 年通过开展服务型制造各项宣贯活动、遴选服务型制造示范标杆使服务型制造理念得到普遍认可，服务型制造模式深入应用，服务型制造主要模式深入发展，制造业企业服务投入和服务产出显著提升，示范企业服务收入占营业收入的比重达到 30% 以上；同时培育一批掌握核心技术的应用服务提供商，服务型制造发展生态体系趋于完善。长期目标是通过发展服务型制造加速我国产业融合发展，显著提升制造业创新能力和国际竞争力，形成一批服务型制造跨国领先企业和产业集群，制造业在全球产业分工和价值链中的地位明显提升，服务型制造成为制造强国建设的有力支撑。

服务型制造整体推进路径为：于政府端，一是基于政府的宏观调控作用，积极完善服务型制造政策引领和相关配套政策，不断推进服务型制造宣贯传播，强化产业发展服务型制造的统一认知；二是完善服务型制造转型的创新体系，从服务型制造理论体系、评价统计体系、共性技术体系、标准体系等方面全面开展研究、科创与产业落地，指导企业开展服务型制造转型；三是为企业开展服务型制造转型搭建合适的营商环境、完善数字化普及等基础设施建设、完善生态体系建设。于产业端，在政府端的高度引领和高度支撑下，强化制造业企业主体地位，鼓励企业通过向产业链上下游环节拓展，制造企业不断增加服务要素在投入和产出中的比重，服务企业向制造过程拓展延伸，构建差异化服务体系，从加工组装产品为主或单纯的服务提供商向“制造＋服务”转型，从单纯出售产品或单纯服务向培养差异化服务能力，并逐步向提供“高附加值产品服务组合”转变。推动服务型制造向专业化、协同化方向发展，形成国民经济新增长点，打造中国制造竞争新优势。

近年来，在党中央、国务院的指导下，相关部门、地方政府、行业组织、研究机构及广大制造业企业共同努力，我国服务型制造取得了积极成效，服务型制造发展水平明显提升，为制造业高质量发展作出了重要贡献，成为我国国民经济发展的重要支撑力量。但相较于世界先进水平，我国服务型制造发展仍有巨大潜力，要让市场在资源配置中起决定性作用，同时要更好地发挥政府作用，加强统筹协调，大力开展协同创新，从完善市场机制出发，推动要素市场化配置，努力实现“十大突破”，为服务型制造进一步发展创造良好环境。

一、强化引领，从政策规划上突破

在信息技术不断渗透下，制造业和服务业的传统界限正在不断消失，要找到一种既不含服务活动也没有置入任何服务关系的制成品已非常困难。产业融合发展是产业发展的基本趋势，政府应树立制造与服务融合的产业发展观。一方面，制造业与服务业分属于多个部门管理，在产业融合领域的政策发布方面，还未能打破部门藩篱，存在分散封闭、交叉重复等碎片化现象。另一方面，产业的转型升级需要建立符合产业发展规律的财税、金融环境。现有的财税、金融政策体系是建立在传统产业发展理念的基础之上，就制造谈制造、就服务谈服务，没有充分认识到产业融合发展是产业转型升级的新形态。对此，应充分发挥各级主管部门、行业组织、产业联盟等各方面的作用，加强政策引领，重点在顶层设计、营造氛围、深化应用、健全服务等方面，谋划和落实工作举措，为服务型制造发展创造更好的政策环境和发展基础。

一是提高跨部门政策协同性，统一推动服务型制造相关方面的政策发布。主管部门之间首先应建立政策出台前的专门咨询机制，以确保政策作用方向的准确到位；其次是建立政策部门间的沟通协调机制，以形成政策调控合力；再次是建立政策负效应的规避预防和纠正机制，以防对经济活动和市场行为的过度扰乱；最后是建立政策贯彻推行控制机制，尽量避免政策效应耗损，以保证政策效应充分释放。强化制造与服务融合发展的部门间协作，提高政策发布的协同、互补性，真实发挥对产业界的指导作用。

二是不断完善促进产业融合的财税、金融等相关政策。一方面，加大财政对服务型制造的支持力度，就是要把制造业拓展的研发设计、物流配送、电子商务、在线诊断、金融租赁等作为专项支持的重点方面，要把服务型制造转型过程中的商业模式创新与技术创新作为专项支持的重点领域。探索制造企业服务收入及服务成本的会计核算。另一方面，完善金融体系对服务型制造转型的支持。制造企业的金融服务能力和水平不仅是制造业发挥职能到高级阶段的重要标志，也是金融业发展进入成熟阶段的重要标志。当前，金融业要适应信息化发展的新形势，围绕制造业拓展金融服务，完善政策环境，加大金融市场对制造企业的开放力度，鼓励金融机构加大对小微企业的信贷投放力度，支持大企业与中小微企业融通发展、优势互补，放宽制造企业金融市场准入，打造公平竞争的市场环境。

三是建立政策动态更新机制，持续动态调整优化融合产业的助企纾困相关政策措施。服务型制造政策文件的制定不能企图毕其功于一役，要结合服务型制造发展经验、存在问题、环境变化等实际问题，及时滚动更新服务型制造专项文件，以适应融合产业、新模式、新业态的高速发展。同时与智能制造、绿色制造等其他制造业战略任务相比，各级主管部门对服务型制造缺乏足够重视，应根据市场实际需求，适时建立与产业发展相适应的政策配套文件。

二、加强研究，从知识理论上突破

服务型制造的本质是以满足市场需求为导向，企业创新实践往往早于理论研究，而实践中所面临的诸多问题，需要运用理论知识进行解释。服务型制造所体现的产业融合特征，为产业理论研究和建立全新的产业知识体系拓展了创新空间。国内外关于服务型制造的研究从不同视角对其进行解读，形成了服务管理学派、服务营销学派、产品服务系统学派、运作管理学派、服务科学学派以及服务经济学研究等领域①。由于服务型制造涉及知识领域广，核心知识领域不仅包含服务型制造本

① 李靖华、马江璐：《制造服务化的兴起》，浙江工商大学出版社 2020 年版。

身，还包括制造服务化、产品服务系统等相关核心领域，不同知识社群的学者、产业界对于服务型制造的认知都不尽相同，以致理论研究突破难，现阶段概念体系仍在探索与完善之中。

随着近年来信息技术的发展，数字化、智能制造成为制造业转型升级的重要方向。但从企业发展的视角来看，数字化、网络化、智能化、绿色化、服务化之间的内涵、联系不明确，对服务型制造、智能制造、工业互联网等新兴业态间的差别、界限不清晰，尚未达成共识，反而成为企业转型升级的困惑。“十四五”时期，我国应从服务型制造知识体系上进行突破，着重加强以下几方面研究。

一是深化服务型制造理论研究。通过制订产业创新相关理论课题计划，建立服务型制造产业融合理论基础和分析框架。服务型制造作为跨越传统产业边界、实现制造与服务产业融合的新型学科，其所形成的新的产业运行、产业组织和产业生态关系值得深入研究。此外，如何通过服务型制造引导企业战略管理、运营管理和商业模式创新也是值得下一步研究的方向。

二是开展制造业转型升级相关理论研究。《中国制造 2025》提出智能化、绿色化、服务化是制造强国战略的三个具体方向和路径。这三者之间并不是相互独立、分离的，而是一个完整共同体的三个侧面。工业化分工协作的进程，在生产组织方式上着重表现为智能化，在资源利用方式上表现为绿色化，在产业形态和商业模式上表现为服务化。下一步，应深入开展系统性理论研究，阐述制造业数字化、网络化、智能化、服务化之间的区别与联系，厘清内涵与外延，为产业界转型升级提供科学客观的解释，为制造业转型升级提供有益指导。

三是进一步加强转型共性技术研究。一方面，要深入构建服务型制造共性技术研究体系，推动新一代信息技术与制造业融合发展的创新理论，夯实服务型制造发展的共性理论基础；另一方面，要前瞻布局共性技术公共研发平台，推动前沿技术落地应用，解决跨领域、跨产业、跨产品、跨场景的关键共性技术问题，积极探索服务型制造的新模式，提高服务型制造整体解决方案的丰富性、适用性。

四是持续打造服务型制造理论与实践研究基地。在实践中充分意识到，建立服务型制造的知识体系是一个长期、艰苦的过程，需要伴随实践的深入，不断进行知识的积累、理论的创新。应充分发挥中国服务型制造联盟等第三方行业协会的资源优势，着眼企业需要，强化能力建设，打造服务型制造理论与实践研究基地，以实践推动理论研究，以理论指导服务型制造纵深发展。

三、打破制约，从评价统计上突破

服务型制造是制造与服务融合的新事物，数字技术的高速发展使得传统产业链、供应链和价值链不断重构。在现有统计体系下，已经无法体现服务型制造为了满足经济发展和需求而进行的跨领域、跨产业、跨产品的融合的本质特征。一方面，当前的行业管理按照三次产业分类在税收、金融、统计、科技及要素价格上存在政策差异，制造企业在拓展服务时可能面临一些隐性壁垒。例如，制造企业难以获得部分服务资质或服务业务难以适用相应的优惠政策和能源补贴，这也增加了制造企业开展服务化转型的未知性，降低服务型制造实践的成功率。另一方面，不断消失的产业边界使部分增加值可能在制造业和服务业领域被重复统计，新业态新模式也可能造成其真实增加值的错统、漏统，监管部门无法准确掌握制造与服务融合产业的真实体量，这将给市场监管体系带来挑战，不利于任务部署和考核绩效，也不利于调动社会各方面的积极性，甚至影响各级主管部门对服务型制造的重视程度和相关决策。

目前服务型制造关键指标没有纳入国家统计局的统计，这也致使我国在经济统计方面尚未形成统一的服务型制造统计指标。我国制造业细分领域多，工业体系完整，是全世界唯一拥有全部工业门类的国家，为融合产业的统计及分类奠定了良好的基础。服务型制造统计评价体系应在数据可得的基础上，在坚持总体性与全面性原则、短期与长期绩效共同作用的原则、动态化评价与静态评价相结合的原则、量化评价和性质评价相结合的原则的基础上，将新型产业融合特征充分地体现出来，构建一套适合中国特色的服务型制造评价指标体系。一是加大对服务型制造融合产业的统计监测，充分利用新技术、新理念对统计数据进行分类研究，全面分析制造和服务融合发展现状，构建与经济发展相匹配的监测评价体系和统计方法，为补监管短板和推进策略提供科学支撑。二是对不同的融合业态的企业服务投入、服务收入、服务型制造类型等关键指标的统计范围、标准、形式要进行更加详细的说明，加快将个别指标的统计纳入企业的日常业务统计以及业务主管部门的管理范畴，打破数据缺失制约，以此刻画制造与服务的新型融合特征的统计指标，有利于社会更深刻地认识服务型制造，推动融合产业统计的规范化。

四、完善体系，从标准建设上突破

标准是规范市场行为，引领经济社会发展，推动建立最佳秩序，促进相关产品在技术上的相互协调和配合，培育产业融合新业态的重要技术基础，对产业发展及技术进步有着引领、指导及治理效能。近年来，我国服务型制造的实践快速发展，但仍面临理念认知不统一、区域发展生态不健全等问题，服务型制造标准在国际和国内几近空白。

融合产业发展迫切需要健全的标准体系加以引导规范。一是概念界定亟须明晰标准。相较于发达国家，我国服务型制造理论研究相对滞后，各方面对服务型制造的理解不一致，尤其是对其重要作用和实现路径认识不足，服务型制造边界界定亟待明晰，标准术语规范需求迫切。二是新兴市场亟须标准规范。发展服务型制造要求制造企业的生产环节、供应链环节、产品以及用户之间建立联结，产品服务接口与组织接口亟待明确标准，从而降低企业服务化转型成本。而相对于标准化的产品，服务的个性化程度更高，急需明确的规范对服务质量进行判定，以便更好地保障消费者权益。三是发展生态亟待建立评价体系。目前服务型制造发展生态有待逐步健全完善，在转型路径分析、引导企业对接市场需求、深化产业链上下游协同等方面，缺乏有针对性的评价标准，需要形成统一的评价体系对服务型制造发展成效与作用进行精准分析，推动服务型制造相关产业的健康发展。四是企业发展亟待标准引领。一些规模大、信息化水平高的企业率先开展商业模式和业态创新，服务型制造发展处于较高的水平，一些信息化基础差、底子薄的中小企业在服务化转型过程中存在较大困难，需要发挥标准的引领作用，将头部企业的转型经验推广到中小企业中，由大企业带动小企业，从而提高整个行业的服务型制造发展水平。

构建服务型制造标准体系有助于统一思想，提升国家综合竞争力，促进经济社会高质量发展，为构建新发展格局提供强大动力。“十四五”时期，我国应以科学、技术和经验的综合成果为基础，以促进最佳共同效益为目的，加速构建标准体系，从以下几方面重点突破。一是加速构建具备可持续性发展的通用标准体系基本框架，研制服务型制造术语标准、标准体系建设指南、成熟度评价模型等标准并完成标准发布，推广实施相关标准，引导各界对服务型制造的正确认知。二是建立健全部际协同、部省联动的工作推进机制，推动形成市场主导、政府引导、行业参与、企业主体、产学研用协同推进的服务型制造转型工作格局，制定重点行业领域服务型制造转型路线图，开展服务型制造标准制定与评估推广工作。三是组织制定服务型制造评价标准，明确企业在不同发展阶段制造服务应用的准则和水平，组织开展企业服务型制造评价贯标，通过成熟度对制造企业服务水平进行评估，引领企业进行服务型制造转型。四是鼓励领军企业优先尝试与科研机构共同开展行业服务型制造的标准研制，在自己的服务领域开展面向不同服务场景的服务内容、服务流程、服务质量等相关标准的制定，一方面可强化企业竞争力，另一方面为行业的转型发展提供可复制、可借鉴的成功经验。

五、量质齐升，从技术创新上突破

科技自立自强是国家强盛之基础。党的二十大报告指出，要加快实施创新驱动发展战略，加快实现高水平科技自立自强，以国家战略需求为导向，集聚力量进行原创性引领性科技攻关，坚决打赢关键核心技术攻坚战，加快实施一批具有战略性全局性前瞻性的国家重大科技项目，增强自主创新能力。服务型制造是基于企业核心产品和核心业务的服务技术创新，服务型制造的用户通常也对产品的质量、性能有更高要求，这也要求制造业企业在向服务型制造转型中具备较强的自主技术创新能力。目前我国虽然涌现出一大批具有世界领先水平的高科技公司，但大多数制造业企业仍然从事低端制造，尤其是中小型企业存在研发投入不足、技术水平低、缺乏核心技术等问题，我国制造技术水平不平衡问题依然突出，制造业企业向服务型制造转型缺乏有力支撑。对此，要鼓励企业加强技术创新，夯实转型基础，助力中国制造的量质齐升。

一是以高技术引领服务，夯实制造基础。制造业是服务型制造发展根基，针对我国现阶段制造业大而不强的问题，应加大高技术产业投入，提升服务在投入产出环节的比例。首先要着力推动技术进步，不断提高科研投入力度，让服务创新成为推动制造业发展质量稳步提升的重要引擎，为制造注入更多服务元素。其次要推动高技术产业发展壮大，坚持政府引导与市场调节相结合，依托各地产业发展优势、资源禀赋和技术水平，因地制宜谋划落地一批高技术服务产业，提升制造与服务契合度，以服务赋能制造。最后要突破制造服务融合共性技术体系及关键技术，以服务型制造的发展思路提升高技术制造业的服务能力，不断提高服务产出，以服务业务谋取高技术制造业的价值倍增。

二是推动数字化转型，赋能服务型制造业务发展。明确数字技术的定位，开展数字化转型并不是目的，基于数字化改造的服务能力和制造能力提升才是根本。太多的企业为了数字化改造而数字化改造，徒增成本和压力，对企业的业务发展并没有太多益处。制造业企业在转型过程中加强数字化建设，可以提高应对不确定性需求和多样化需求的能力。而在新一代数字技术蓬勃发展的今天，企业需要通过数字技术转被动为主动。在生产和供应方面，通过数控设备和智能排程等方式提高柔性程度、快速适应变动的需求，在需求方面通过分析数据主动寻找需方、主动了解市场多样化的需求，将供求匹配的主动权掌握在自己手中，并在售后服务及其他附加环节做好数据采集和分析、定期总结并改进经营过程中不适应的情况，支撑服务型制造的转型发展。对制造企业而言，数字化并没有改变其价值创造、转化、实现的根本过程，改变的是对企业、对客户服务的响应效率。因而企业的数字化转型不能做花拳绣腿的无用功，或只做漂亮的数据可视化，而是要赋能产品服务业务对快速变化的市场需求的响应及反应能力，将大数据、人工智能、云计算、物联网、区块链等新技术切实用到客户需求分析、服务流程、反馈体验收集和客户体验改善上来。

三是强化精益生产，优化制造基础，促进企业可持续发展。精益生产通过关注价值流动、识别并消除其中的浪费环节，从而实现制造企业的效益最大化。从理念上看，精益制造是服务型制造的坚实基础，是追求制造过程的精益化，用精益管理模式实现设计精益化、制造标准化、物流准时化、装配快速化、管理信息化、过程绿色化等全产业链的精益生产，将精益管理模式与服务型制造深度融合。实践证明，实施精益制造的企业在效率与效益上都有较大提升，精益生产强调的成本控制、质量管理、工序管理、现场管理等对于制造业企业提升制造能力有着极大的帮助，也是服务型制造发展的重要基础。同时，精益生产本身与低碳环保的生产经营过程不谋而合，通过强化精益生产能力，结合服务型制造转型，减少社会资源浪费，促进资源高效循环利用，促进企业、社会的绿色可持续发展。

六、增强动力，从人才引育上突破

党的二十大明确指出，“人是科技创新最关键的因素”，要“深入实施人才强国战略，加快建设国家战略人才力量，努力培养造就更多大师、战略科学家、一流科技领军人才和创新团队、青年科技人才、卓越工程师、大国工匠、高技能人才”，“推动创新链产业链资金链人才链深度融合”。制造业面向服务业务的拓展对各类专业和复合型人才提出了更高的要求，专业人才供给不足已经成为制约我国制造业转型升级的重要瓶颈之一。企业服务型制造转型的专业人才培养和聚集，既依托于企业自身的人力资源开发和管理体系，也依托于整个社会的人才培训体系。在制造业转型过程中，面向现代物流、电子商务、金融租赁、在线维护、研发设计、集成解决方案等高端服务，面向转型过程中新的商业模式，需要更多高层次、复合型、创意性的人才，人才已经成为企业转型的重要基础。我国亟待建立融合面向制造业和服务业的专业人才，将人才培养模式和课程设计与现代服务业发展的需求相结合，适应产业发展的人才培养体系。

在转型过程中，服务型制造要求“经营管理人才 + 制造技术人才 + 服务技能人才”的创新型复合人才。一是着力引进符合先进制造业与现代服务业融合的重点发展方向的人才和团队，推出具有地方特色且能够发挥引领作用的人才工程，加快集聚行业发展急需人才，会同研究院所、行业组织协同推动，加快建立多层次、体系化、高水平的人才队伍。鼓励企业创新激励机制，建立适应服务型制造发展需求的人事制度、薪酬制度和评价机制，完善技术入股、期权激励等人力资本收益分配机制，充分激发人力资本的创新潜能。二是依托产业，转变人才培养新生态。重大原始创新成果往往萌发于基础研究，产生于学科交叉领域，高校在这两方面具有天然优势。作为人才供给侧，高校应全方位融合产业结构要素，围绕重点产业和市场需求设置相关专业，加大对跨经济学、管理学、社会学、工程学等多学科复合型人才的培养力度，促进产学研深度融合，重构创新人才培养新生态。

七、扩面提质，从生态建设上突破

服务型制造水平提升有赖于良好的产业生态，我国服务型制造起步晚，生态建设地域性差异大，发展生态体系尚未成形，对于大多数中小企业而言，在技术、产能、人才、资金、效益等方面风险应对存在挑战，制约了服务型制造进一步发展，产业生态需要进一步升级优化。“十四五”时期，要积极培育服务型制造发展新生态。

首先要加强龙头骨干企业的示范带动效应。我国大中型制造企业制造基础扎实，创新模式丰富，各地应积极鼓励具有特定领域优势的头部企业与产业链上下游企业合作联动，为中小型企业提供专业性、针对性的服务或金融支持，利用新技术、新模式、新方法带动产业链不断升级，形成大中小企业融通发展的产业生态，进一步增强大企业创新活力，激发中小企业创新潜力，提升产业链供应链的稳定性和竞争力，促进产业全方位多层次融合发展。

其次要加强公共服务支撑。一是利用财税金融政策，重点加强对服务型制造关键共性技术、基础数据库和公共服务平台的支持与建设。二是加强知识产权保护和管理，健全知识产权交易和中介服务体系，形成对制造业服务创新的正向激励。三是建立部门间高效联动机制，依托互联网平台、大数据平台等，推动跨部门、跨层级、跨区域的数据共享和流程互通，持续强化融合发展推进合力。

再次要打造服务型制造特色产业集群。一是鼓励产业集群内制造业龙头企业、生产性服务业领军企业双向进入服务型制造领域，打造面向特定制造领域、围绕产业链的服务型制造产业网络，培育新型服务型制造企业，深化与产业链上下游企业和供应链网络各主体的合作。二是加紧建立集群培育联动协调推进机制，打造产业链上下游纵深配置的圈层式产业集群，形成资源集聚整合能力和联动共享机制，形成从上游的研发设计，到中游的零部件生产、设备制造，再到下游的运营服务的完整产业链条。

最后要进一步发挥示范城市的引领作用。以示范城市合作伙伴关系的建立为契机，在示范城市合作领域先行先试，为发展服务型制造探索新的路径。城市间携手建立服务型制造示范城市合作伙伴关系，开创了示范城市合作的先河，也标志着我国城市推进服务型制造发展工作进入一个新的阶段。下一阶段，应积极组织城市经验巡回交流，开展多层级、多类型、多主体的城市间考察观摩合作活动，促进服务型制造区域平衡发展；积极推动产业协同联合攻关，联合编制服务型制造示范城市产业发展资源图谱，提高伙伴城市间产业资源的合作衔接效率，推动服务型制造产业空间布局协同能效提升，打造城市产业发展创新名片，共建示范城市展示平台，打造服务型制造城市群，推动制造业高质量发展。

八、深化理念，从宣贯传播上突破

党的二十大明确提出，推动现代服务业同先进制造业深度融合，服务型制造作为产业发展进程中的新型产业形态，是制造业转型升级、提质增效、高质量发展的重要方向。西方发达国家在20世纪中后期率先开展产业结构性变革，在转变过程中逐渐产生制造业与服务业融合的新业态。经过近几十年的发展，西方发达国家已对制造业服务化有更深层次的认识。但与西方发达国家相比，我国服务型制造发展起步晚，发展水平与世界先进水平还存在一定差距，对服务型制造的认识仍存在不足。

根据中国服务型制造研究院针对各省市企业的抽样调查结果来看，许多制造业企业对于服务型制造的内涵和核心要素等认识模糊。在接受调查的制造业企业中，对于服务型制造内涵选择正确的占 37.8%，由此可见，大量企业对服务型制造的认识仍然不足。所以我们要清晰地认识到，提升对服务型制造的认识是一件任重而道远的事情，需要政产学研用多方协作，推动和加深社会各界对服务型制造的认识和理解。“十四五”时期，应着重提高以下几方面的认识，从服务型制造理念传播上进行突破。

一是加强理论知识学习，营造良好氛围。发展服务型制造，要深刻领会服务型制造对制造业高质量发展的重要性，在推动经济高质量发展的全局中认识和理解服务型制造。各级行政主管部门可通过组织召开服务型制造工作会议、专题学习会议，企业实地调研等，进一步贯彻服务型制造政策、文件精神，加强行政管理人员对服务型制造的理解与认识，发挥价值导向作用，指导相关工作开展。

二是加大宣传力度，着力宣贯推广。持续开展服务型制造政策宣贯和实施引导活动。鼓励由各级政府主导，联合科研院所等开展重点面向服务型制造企业的培训班、研修班，为地方企业搭建学习交流平台，以便系统学习国内外优秀企业案例与实践经验，推动服务模式创新、技术创新和管理创新，充分调动企业发展服务型制造的积极性。

三是创新传播模式，发挥宣传矩阵效应。鼓励支持多方机构创新和丰富活动形式，打造具有影响力的创新品牌活动。例如面向不同的行业领域、服务型制造转型模式，打造多样化的交流峰会，为服务型制造的传播和交流学习提供新平台；利用发挥新媒体工具等手段，打造服务型制造系列宣传片、开展央视专访等，加强对服务型制造的宣传，推动服务型制造形成广泛的社会认同，让服务型制造发展理念更加深入人心。

九、筑牢根基，从基础设施上突破

服务型制造依托于完善的基础设施和产业配套体系、模仿创新能力和快速商业化能力。服务型制造是制造企业研发设计、加工制造能力向服务领域的延伸，具有较高的知识含量和技术创新要求。新一代数字技术使制造业呈现出区别于工业经济时代的新特征，奠定了数字技术为国民经济各产业赋能的技术基础，成为服务型制造发展的巨大推动力[①]。新一代数字技术基础设施的布局建设对于服务型制造发展起着重要的支撑和先导作用。

首先是积极推动新一代数字技术基础设施建设，推动创新模式发展。一是加快5G通信网络、光纤、工业互联网、大数据中心建设和下一代互联网规模部署，推进新技术、算力和融合型基础设施建设。二是推动相关技术和数据标准、法律法规建设，促进数据联通，鼓励各类数字产品、技术和服务企业的创新和发展。三是鼓励云计算、大数据、传感器、物联网、移动互联网、人工智能、3D打印、智能加工中心和工业机器人等新一代数字技术在经济社会各领域的普及应用。其次是推进服务型制造公共服务平台建设，发挥平台网络效应。搭建如工业设计平台、供应链管理平台、数字化转型服务平台、共享制造平台、产业电商

① 李晓华："数字技术推动下的服务型制造创新发展"，《改革》2021年第10期，第72~83页。

平台等公共服务平台，联结大量中小型企业，瞄准价值链高端环节，辅助完善制造企业研发设计、产业技术基础、协同制造、定制化服务、供应链管理、全生命周期管理等领域的公共服务体系，支撑制造业企业提升服务创新能力。

十、扩大开放，从国际合作上突破

经过改革开放40多年发展，我国已成为全球第二大消费市场、第一贸易大国，利用外资和对外投资都稳居世界前列，深度融入全球产业链供应链。随着我国逐步构建以国内大循环为主体、国内国际双循环相互促进的新发展格局，制造业内外协同的竞争新优势正在形成，下一步要积极拓宽国际合作领域，重塑全球产业链分工体系，营造市场化、法治化、国际化的一流生态环境，让更多的服务型制造企业在祖国大地生根发芽，在世界舞台上绽放光彩。

扩大生产性服务业开放程度。继续秉持开放、合作、团结、共赢的理念，扩大服务业高水平开放，积极营造公平竞争的市场化、法治化、国际化现代服务业发展环境。一是鼓励外资投向现代服务业，合理放宽服务业准入限制，推进金融、教育、文化、医疗等服务业领域有序开放，放开会计审计、商贸物流、技术服务、管理咨询等服务业领域外资准入限制。二是鼓励国内企业扩大国际合作，鼓励有条件的先进制造业企业和现代服务业企业响应国家“一带一路”倡议，参与全球竞争与合作，统筹谋划引资、引智、引技相融合，深度融入全球技术链、产业链、创新链、价值链，做优做精一批跨产业合作项目，共同维护全球产业链供应链稳定畅通。三是推动构建服务业合作伙伴关系，完善与相关国家、地区的对话机制，推进战略、规划对接，加强规则、标准联通，促进服务业发展国际合作，为制造与服务的融合发展搭建更多的交流平台，在全球范围内锻炼企业的融合创新能力和协同发展能力。四是支持企业在国外设立研发和服务设计中心，建立多主体参与的产业链协作平台，促进信息流、资金流和物流的协同整合以及用户参与的个性化服务创新设计，推进供应链网络协同运作与智慧决策，提升供应链整体效率和效益，建立面向全球的开放式网络，挖掘与推广优秀企业的实践经验，加快推动服务模式创新、技术创新和管理创新。

附件

一、国家级服务型制造相关政策演进历程

序号	时间	发文主体	政策名称	相关内容
1	2009年5月	国务院	《国务院关于印发装备制造业调整和振兴规划的通知》（国发〔2009〕11号）	围绕产业转型升级，支持装备制造骨干企业在工程承包、系统集成、设备租赁、提供解决方案、再制造等方面开展增值服务，逐步实现由生产型制造向服务型制造转变。鼓励有条件的企业，延伸扩展研发、设计、信息化服务等业务，为其他企业提供社会化服务
2	2011年12月	国务院	《国务院关于印发工业转型升级规划（2011—2015年）的通知》（国发〔2011〕47号）	充分发挥信息化在转型升级中的支撑和牵引作用，深化信息技术集成应用，促进生产型制造向服务型制造转变，加快推动制造业向数字化、网络化、智能化、服务化转变；按照“市场化、专业化、社会化、国际化”的发展方向，大力发展面向工业生产的现代服务业，加快推进服务型制造，不断提升对工业转型升级的服务支撑能力
3	2013年1月	国务院	《国务院关于印发“十二五”国家自主创新能力建设规划的通知》（国发〔2013〕4号）	根据行业技术发展要求，培育和发展网络制造等现代制造模式，促进生产型制造向服务型制造转变
4	2014年2月	国务院	《国务院关于加快发展生产性服务业 促进产业结构调整升级的指导意见》（国发〔2014〕26号）	以产业转型升级需求为导向，进一步加快生产性服务业发展，引导企业进一步打破“大而全”“小而全”的格局，分离和外包非核心业务，向价值链高端延伸，促进我国产业逐步由生产制造型向生产服务型转变

续表

序号	时间	发文主体	政策名称	相关内容
5	2015年5月	国务院	《中国制造2025》（国发〔2015〕28号）	加快制造与服务的协同发展，推动商业模式创新和业态创新，促进生产型制造向服务型制造转变；大力发展与制造业紧密相关的生产性服务业，推动服务功能区和服务平台建设
6	2015年7月	国务院	《国务院关于积极推进“互联网+”行动的指导意见》（国发〔2015〕40号）	在重点领域推进智能制造、大规模个性化定制、网络化协同制造和服务型制造
7	2015年10月	中共中央	《中共中央关于制定国民经济和社会发展第十三个五年规划的建议》	推动生产性服务业向专业化和价值链高端延伸，推动制造业由生产型向服务型转变
8	2015年11月	国务院	《国务院关于积极发挥新消费引领作用 加快培育形成新供给新动力的指导意见》（国发〔2015〕66号）	支持制造业由生产型向生产服务型转变，引导制造企业延伸产业链条、增加服务环节
9	2016年1月	国务院	《国务院关于促进加工贸易创新发展的若干意见》（国发〔2016〕4号）》	推动制造业由生产型向生产服务型转变。促进加工贸易与服务贸易深度融合，鼓励加工贸易企业承接研发设计、检测维修、物流配送、财务结算、分销仓储等服务外包业务。在条件成熟的地区试点开展高技术含量、高附加值项目境内外检测维修和再制造业务
10	2016年4月	国务院办公厅	《国务院办公厅关于完善国家级经济技术开发区考核制度促进创新驱动发展的指导意见》（国办发〔2016〕14号）	发展较好的国家级经济技术开发区要构建新型产业体系，推动制造业由生产型向生产服务型转变，引导制造企业延伸服务链条，增加服务环节，引领中国制造业核心竞争力和国际分工地位跃升
11	2016年5月	国务院	《国务院关于深化制造业与互联网融合发展的指导意见》（国发〔2016〕28号）	大力发展个性化定制、服务型制造等新模式

续表

序号	时间	发文主体	政策名称	相关内容
12	2016年5月	国务院办公厅	《国务院办公厅关于开展消费品工业“三品”专项行动 营造良好市场环境的若干意见》（国办发〔2016〕40号）	重点消费品行业智能制造、绿色制造、服务型制造、“互联网+”协同制造取得积极进展
13	2016年7月	工业和信息化部、国家发展改革委、中国工程院	《发展服务型制造专项行动指南》（工信部联产业〔2016〕231号）	提出制造业由生产型制造向服务型制造转变的三年发展计划
14	2016年9月	国务院办公厅	《国务院办公厅关于印发消费品标准和质量提升规划（2016—2020年）的通知》（国办发〔2016〕68号）	推动消费品标准由生产型向消费型、服务型转变
15	2016年11月	国务院	《国务院关于深入推进实施新一轮东北振兴战略 加快推动东北地区经济企稳向好若干重要举措的意见》（国发〔2016〕62号）	支持东北地区开展“中国制造2025”试点，提高智能制造、绿色制造、精益制造和服务型制造能力
16	2016年12月	国务院	《国务院关于印发“十三五”国家战略性新兴产业发展规划的通知》（国发〔2016〕67号）	推动制造业向生产服务型转变、生产性服务业向价值链高端延伸
17	2016年12月	国务院	《国务院关于印发“十三五”国家信息化规划的通知》（国发〔2016〕73号）	鼓励企业利用互联网推动服务型制造发展，开展个性化定制、按需设计、众包设计等服务，创新生产制造和经营销售环节，提供网络化协同制造、全生命周期管理等业务
18	2017年1月	国务院办公厅	《国务院办公厅关于创新管理优化服务 培育壮大经济发展新动能 加快新旧动能接续转换的意见》（国办发〔2017〕4号）	支持制造业与互联网融合发展新型生产方式，促进从生产型制造向服务型制造转变，构建供给与需求精准衔接的机制

续表

序号	时间	发文主体	政策名称	相关内容
19	2017年2月	国务院办公厅	《国务院办公厅关于促进开发区改革和创新发展的若干意见》（国办发〔2017〕7号）	促进生产型制造向服务型制造转变，大力发展研发设计、科技咨询、第三方物流、知识产权服务、检验检测认证、融资租赁、人力资源服务等生产性服务业
20	2017年2月	国务院	《国务院关于印发“十三五”促进就业规划的通知》（国发〔2017〕10号）	推动传统制造业由生产型向生产服务型转变，延伸产业链条，增加就业岗位
21	2017年3月	国务院	《国务院关于印发中国（陕西）自由贸易试验区总体方案的通知》（国发〔2017〕21号）	大力发展生产性服务贸易，引导出口企业从生产型企业向生产服务型企业转变，推动金融、保险、物流、信息、研发设计等资本和技术密集型服务出口
22	2017年6月	国家发展改革委	《服务业创新发展大纲（2017—2025年）》（发改规划〔2017〕1116号）	鼓励有条件的制造企业向设计咨询、设备制造及采购、施工安装、维护管理等一体化服务总集成总承包商转变；鼓励服务企业开展批量定制服务，推动生产制造环节组织调整和柔性化改造；依托新型工业化产业示范基地等制造业集聚区，聚焦共性生产服务需求，加快建设生产服务支撑平台
23	2017年10月	国务院办公厅	《国务院办公厅关于积极推进供应链创新与应用的指导意见》（国办发〔2017〕84号）	发展服务型制造。建设一批服务型制造公共服务平台，发展基于供应链的生产性服务业。鼓励相关企业向供应链上游拓展协同研发、众包设计、解决方案等专业服务，向供应链下游延伸远程诊断、维护检修、仓储物流、技术培训、融资租赁、消费信贷等增值服务，推动制造供应链向产业服务供应链转型，提升制造产业价值链
24	2019年10月	国家发展改革委、市场监管总局	《关于新时代服务业高质量发展的指导意见》（发改产业〔2019〕1602号）	大力发展服务型制造，鼓励有条件的制造业企业向一体化服务总集成总承包商转变；开展先进制造业与现代服务业融合发展试点

续表

序号	时间	发文主体	政策名称	相关内容
25	2019年10月	工业和信息化部	《关于印发制造业设计能力提升专项行动计划（2019—2022年）的通知》（工信部联产业〔2019〕218号）	创建10个左右以设计服务为特色的服务型制造示范城市
26	2019年10月	工业和信息化部	《关于加快培育共享制造新模式新业态 促进制造业高质量发展的指导意见》（工信部产业〔2019〕226号）	在服务型制造示范遴选活动中，面向基础条件好和需求迫切的地区、行业，遴选一批示范带动作用强、可复制可推广的共享制造示范平台和项目
27	2019年11月	国家发展改革委、工业和信息化部、中央网信办、教育部等15部门	《关于推动先进制造业和现代服务业深度融合发展的实施意见》（发改产业〔2019〕1762号）	深化业务关联、链条延伸、技术渗透，探索新业态、新模式、新路径，推动先进制造业和现代服务业相融相长、耦合共生；到2025年，形成一批创新活跃、效益显著、质量卓越、带动效应突出的深度融合发展企业、平台和示范区
28	2020年1月	商务部等8部门	《关于推动服务外包加快转型升级的指导意见》（商服贸发〔2020〕12号）	积极推动工业互联网创新与融合应用，培育一批数字化制造外包平台，发展服务型制造等新业态
29	2020年3月	工业和信息化部办公厅	《工业和信息化部办公厅关于印发〈中小企业数字化赋能专项行动方案〉的通知》（工信厅企业〔2020〕10号）	培育壮大共享制造、个性化定制等服务型制造新业态
30	2020年4月	工业和信息化部、国家发展改革委、教育部等15部门	《关于进一步促进服务型制造发展的指导意见》（工信部联政法〔2020〕101号）	提出新指导期发展服务型制造的新模式、新方向，服务型制造发展迈入新阶段。明确了“十四五”时期服务型制造发展的指导思想、主要目标、重点任务和政策措施

续表

序号	时间	发文主体	政策名称	相关内容
31	2020年11月	中共中央	《中共中央关于制定国民经济和社会发展第十四个五年规划和二〇三五年远景目标的建议》	要推动传统产业高端化、智能化、绿色化，发展服务型制造；要推动先进制造业和现代服务业深度融合发展
32	2021年3月	中共中央	《中华人民共和国国民经济和社会发展第十四个五年规划和2035年远景目标纲要》	发展服务型制造新模式；坚持把发展经济着力点放在实体经济上，加快推进制造强国、质量强国建设，促进先进制造业和现代服务业深度融合
33	2021年3月	国家发展改革委等13部门	《关于加快推动制造服务业高质量发展的意见》（发改产业〔2021〕372号）	加快推动制造服务业发展，以高质量的服务供给引领制造业转型升级和品质提升；遴选培育一批服务型制造示范企业、平台、项目和城市，推动服务型制造理念得到普遍认可、服务型制造主要模式深入发展
34	2021年6月	中共中央、国务院	《中共中央 国务院关于支持浙江高质量发展建设共同富裕示范区的意见》	推动现代服务业同先进制造业、现代农业深度融合
35	2021年7月	工业和信息化部等6部门	《关于加快培育发展制造业优质企业的指导意见》（工信部联政法〔2021〕70号）	对标世界一流企业，加快推进新一代信息技术和制造业融合发展；建设和推广工业互联网平台，开展百万工业App培育行动，实施网络安全分类分级管理，积极发展服务型制造新模式新业态
36	2021年10月	中共中央、国务院	《国家标准化发展纲要》	实施高端装备制造标准化强基工程，健全智能制造、绿色制造、服务型制造标准，形成产业优化升级的标准群，部分领域关键标准适度领先于产业发展平均水平

续表

序号	时间	发文主体	政策名称	相关内容
37	2022年1月	工业和信息化部等3部门	《关于促进钢铁工业高质量发展的指导意见》（工信部联原〔2022〕6号）	在铁矿开采、钢铁生产领域突破一批智能制造关键共性技术，遴选一批推广应用场景，培育一批高水平专业化系统解决方案供应商；深入推进以用户为中心的服务型制造，开展规模化定制、远程运维服务、网络化协同制造、电子商务等新业态
38	2022年6月	工业和信息化部等5部门	《关于推动轻工业高质量发展的指导意见》（工信部联消费〔2022〕68号）	推进轻工业与现代服务业深度融合，加快培育发展服务型制造新业态新模式，促进轻工业提质增效；引导轻工行业完善服务型制造评价体系，鼓励企业建立客户体验中心、在线设计中心等机构分析客户需求信息，增强用户参与设计能力
39	2022年11月	工业和信息化部等3部门	《关于巩固回升向好趋势加力振作工业经济的通知》（工信部联运行〔2022〕160号）	深入实施智能制造工程，开展智能制造试点示范行动，加快推进装备数字化，遴选发布新一批服务型制造示范，加快向智能化、绿色化和服务化转型

资料来源：中国服务型制造联盟整理。

二、全国省（市、区）级（含计划单列市、部分地级市）服务型制造相关政策

序号	省份	文件名称
1	天津	《天津市制造业高质量发展“十四五”规划》（津政办发〔2021〕23号）
2	河北	《河北省人民政府印发关于支持工业设计发展若干政策措施的通知》（冀政字〔2017〕36号）
		《关于加快推进工业转型升级建设现代化工业体系的指导意见》（冀政发〔2018〕4号）
		《关于推动互联网与先进制造业深度融合加快发展工业互联网的实施意见》（冀政发〔2018〕8号）
		《河北省加快优势产业链培育提升促进制造业高质量发展行动计划》（工产业函〔2019〕303号）
		《河北省推进现代服务业与先进制造业深度融合试点工作方案》（冀发改服务〔2020〕320号）
3	山西	《关于促进企业技术改造工作的实施意见》（晋政发〔2017〕7号）
4	内蒙古	《内蒙古自治区人民政府关于印发自治区新兴产业高质量发展实施方案（2018—2020年）》（内政发〔2018〕42号）
		《内蒙古自治区人民政府办公厅关于创新管理优化服务培育壮大经济发展新动能加快新旧动能接续转换的实施意见》（内政办发〔2018〕51号）
		《内蒙古自治区服务型制造示范企业认定管理办法（试行）》（内经信消工字〔2019〕235号）
		《内蒙古自治区人民政府办公厅关于印发大数据与产业深度融合行动计划（2018—2020年）的通知》（内政办发〔2018〕25号）
		《内蒙古自治区落实〈中国制造2025〉行动纲要》（内政发〔2017〕1号）
		《内蒙古自治区深化制造业与互联网融合发展的实施方案》（内政办发〔2016〕149号）
5	辽宁	《辽宁省发展服务型制造专项行动推进方案》（辽工信产业〔2016〕255号）
		《辽宁省省级服务型制造示范企业评定管理办法（试行）》（辽工信产业〔2016〕313号）
		《辽宁省进一步推进服务型制造发展工作方案》（辽工信产业〔2021〕37号）

续表

序号	省份	文件名称
6	吉林	《贯彻落实〈关于加快服务业发展的若干实施意见〉的任务分工方案》（吉办发〔2016〕15号）
		《吉林省推进制造业与服务业融合发展行动实施方案》（吉政办发〔2016〕41号）
		《吉林省制造业服务化试点工作实施细则》（吉工信软件〔2016〕342号）
		《关于加快服务业发展的若干实施意见》（吉发〔2016〕6号）
7	黑龙江	《黑龙江省服务型制造发展专项行动方案（2022—2026年）（征求意见稿）》
		《黑龙江省省级服务型制造示范遴选管理办法（试行）》（黑工信政法规〔2023〕2号）
		《关于印发黑龙江省发展服务型制造实施方案的通知》（黑工信产业联发〔2021〕46号）
8	上海	《全力打响“上海制造”品牌 加快迈向全球卓越制造基地三年行动计划（2021—2023年）》
		《关于开展2020年上海市产业转型升级发展专项资金 （生产性服务业和服务型制造发展） 项目申报工作的通知》（沪经信生〔2020〕136号）
		《上海市生产性服务业和服务型制造发展专项支持实施细则》（沪经信规范〔2018〕5号）
		《全力打响“上海制造”品牌 加快迈向全球卓越制造基地三年行动计划（2018—2020）》（沪委办发〔2018〕18号）
		《上海市推动先进制造业和现代服务业深度融合发展的实施意见》（沪经信生〔2021〕766号）
9	江苏	《江苏省关于推进服务型制造赋能制造业高质量发展的实施意见》（苏工信服务〔2020〕657号）
		《江苏省关于推进服务型制造发展的工作意见》（苏经信运行〔 2015 〕 497 号）
		《关于加快培育先进制造业集群的指导意见》（苏政发〔2018〕86号）
		《关于建设具有国际竞争力的先进制造业基地的实施意见》（苏发〔2016〕11号）

续表

序号	省份	文件名称
10	浙江	《关于深入推进服务型制造促进制造业高质量发展的实施意见》（浙经信服务〔2022〕213号）
		《浙江省省级服务型制造示范遴选管理办法（试行）（征求意见稿）》
		《浙江省高端装备制造业发展“十四五”规划》（浙经信装备〔2021〕63 号）
		《浙江省推动先进制造业和现代服务业深度融合发展的实施意见》（浙发改产业〔2021〕1号）
		《关于加快工业和信息化领域生产性服务业和服务型制造发展的行动方案》（浙经信服务〔2019〕117号）
		《浙江省人民政府办公厅关于进一步提升工业设计发展水平的意见》（浙政办发〔2017〕105号）
		《浙江省服务型制造工程实施意见》（浙转升办〔2016〕47号）
		《浙江省人民政府关于高质量发展建设全球先进制造业基地的指导意见》（浙政发〔2022〕23号）
11	安徽	《安徽省人民政府关于提升产业基础能力和产业链现代化水平的实施意见》（皖政〔2020〕22号）
		《安徽省人民政府关于印发加快发展现代服务业若干政策的通知》（皖政〔2018〕85号）
		《安徽省人民政府关于印发支持制造强省建设若干政策的通知》（皖政〔2017〕53号）
		《安徽省发展服务型制造专项行动推进方案（2017—2020年）》（皖经信产业〔2017〕100号）
		《安徽省人民政府关于深化制造业与互联网融合发展的实施意见》（皖政〔2017〕3号）
		《中国制造2025安徽篇》（皖政〔2015〕106号）
12	福建	《福建省关于进一步促进服务型制造发展的实施意见》（闽工信法规〔2021〕46号）
		《福建省服务型制造公共服务平台培育和扶持实施细则》（闽经信服务〔2017〕181号）
		《福建省服务型制造示范企业培育和扶持实施细则》（闽经信服务〔2017〕152号）
		《福建省加快推进主辅分离积极发展服务型制造资金扶持和奖励实施细则》（闽经信服务〔2017〕141号）
		《关于加快推进主辅分离积极发展服务型制造的若干意见》（闽政办〔2017〕29号）
		《福建省发展服务型制造实施方案（2017—2020年）》（闽经信服务〔2016〕616号）

续表

序号	省份	文件名称
13	江西	《江西省发展服务型制造专项行动实施方案》（赣工信产业字〔2017〕598号 ）
		《江西省发展服务型制造新一轮专项行动实施方案》（赣工信产业字〔2021〕21号）
14	山东	《山东省工业和信息化厅等15部门关于加快促进服务型制造发展的实施意见》（鲁工信产〔2021〕13号）
15	河南	《河南省促进先进制造业和现代服务业深度融合实施方案》（豫服〔2020〕2号）
		《河南省人民政府办公厅关于印发河南省制造业头雁企业培育行动方案（2021—2025年）的通知》（豫政办〔2021〕20号）
		《河南省服务业工作领导小组关于印发2020年河南省服务业发展工作要点的通知》（豫服〔2020〕1号）
		《关于印发河南省化解过剩产能攻坚方案等五个方案的通知》（豫政〔2017〕22号）
		《河南省发展服务型制造专项行动指南（2017—2020）》（豫工信产融〔2016〕279号）
		《河南省促进快递业与制造业深度融合发展工作方案》
16	湖北	《湖北省发展服务型制造专项行动实施方案（2016—2020）》
		《湖北省加快推动服务型制造高质量发展的实施意见》（鄂发改服务〔2021〕352号）
17	湖南	《湖南省先进制造业集群培育管理办法》（湘工信产业集聚〔2021〕82号）
		《湖南省制造业创新能力提升三年行动计划（2021—2023）》（湘工信科技〔2020〕510号）
18	广东	《广东省培育安全应急与环保战略性新兴产业集群行动计划（2021—2025年）》（粤工信节能〔2020〕131号）
		《广东省人民政府关于培育发展战略性支柱产业集群和战略性新兴产业集群的意见》（粤府函〔2020〕82号）
		《广东省工业设计能力提升专项行动计划（2020—2022年）》（粤工信生产合作函〔2020〕690号）
		《广东省推进粤港澳大湾区建设三年行动计划（2018—2020）》（粤大湾区〔2019〕4号）
		《广东省扩大和升级信息消费实施方案（2018—2020年）》（粤府〔2018〕27号）
		《广东省促进大数据发展行动计划（2016—2020年）》（粤府办〔2016〕29号）
		《广东省人民政府办公厅关于加快发展生产性服务业的若干意见》（粤府办〔2015〕54号）
		《广东省工业电子商务发展实施意见（2018—2020年）》（粤经信生产〔2018〕65号）

续表

序号	省份	文件名称
19	广西	《广西工业和信息化发展“十三五”规划》（桂政办发〔2016〕140 号）
20	重庆	《重庆市人民政府关于印发支持制造业高质量发展若干政策措施的通知》（渝府发〔2021〕11号）
		《重庆市工业设计数字化智能化提升专项行动方案》（渝经信发〔2020〕78号）
		《重庆市加快工业设计产业发展若干政策》（渝经信发〔2019〕109号）
		《重庆市以大数据智能化为引领的创新驱动发展战略行动计划（2018—2020年）》（渝委发〔2018〕13号）
		《重庆市发展服务型制造专项行动计划（2016—2018年）》（渝经信发〔2016〕75号）
21	四川	《四川省关于进一步促进服务型制造发展的实施意见》（川经信服务〔2021〕138号）
		《四川省发展服务型制造专项行动实施方案》（川经信服务〔2016〕314号）
22	云南	《云南省发展服务型制造实施方案（2017—2020）》（云工信产业〔2017〕511号）
		《云南省工业互联网发展三年行动计划》（云政发〔2018〕66号）
		《云南省人民政府关于促进我省生产性服务业发展的实施意见》（云政发〔2015〕13号）
		《云南省生产性服务业质量提升行动方案》（云政办发〔2019〕63号）
23	陕西	《陕西省工业和信息化厅关于印发省级服务型制造示范企业（项目、平台）认定管理办法的通知》（陕工信发〔2021〕55号）
		《陕西省发展服务型制造实施方案（2020—2025）》（陕工信发〔2020〕235号）
24	甘肃	《中国制造2025甘肃行动服务型制造专项实施方案（2016—2020）》
		《甘肃省“十三五”服务业发展规划》（甘政办发〔2016〕105号）
25	宁夏	《宁夏回族自治区服务型制造示范（企业、项目、平台）认定管理暂行办法》（宁工信规范发〔2019〕9 号）

续表

序号	计划单列市	文件名称
26	大连	《大连市发展服务型制造专项行动计划（2016—2020）》
		《大连市关于进一步推进服务型制造发展的实施方案》（大工信发〔2021〕5号）
		《大连市支持科技创新若干政策措施》（大政发〔2017〕52号）
27	青岛	《青岛市建设具有国际竞争力的先进制造业基地行动计划》
		《关于印发青岛市加快先进制造业高质量发展若干政策措施的通知》（青政发〔2021〕18号）
		《关于促进服务业创新发展的实施意见》（青政发〔2019〕12号）
		《关于落实支持新旧动能转换重大工程财政政策的实施意见》（青办发〔2018〕47号）
		《青岛市人民政府印发关于贯彻落实省支持八大发展战略财政政策加快重点产业高质量发展若干政策的通知》（青政字〔2021〕21号）
28	宁波	《宁波市推进“中国制造2025”试点示范城市建设的若干意见》（甬政发〔2017〕12号）
		《宁波市加快推进服务型制造发展的实施意见》（甬经信服新〔2021〕48号）
30	厦门	《厦门市加快发展生产性服务业三年行动方案（2016—2018年）》
		《厦门市人民政府办公厅关于印发进一步推动工业企业增产增效六条措施的通知》（厦府办〔2017〕19号）
		《厦门市产业转型升级专项资金管理办法的通知》（ 厦经信办〔2018〕575号）
		《厦门市关于进一步促进服务型制造发展的实施方案》（厦工信产业〔2020〕266号）
		《厦门市发展服务型制造和生产性服务业专项行动计划》
		《厦门市2016年服务型制造工作专项》
31	深圳	《〈中国制造2025〉深圳行动计划》（深府〔2015〕112号）
		《深圳市工业发展“十三五”规划》
		《深圳市工业互联网发展行动计划（2018—2020年）》（深府办规〔2018〕7号）
		《关于进一步促进工业设计发展的若干措施》（深府办规〔2020〕6号）

续表

序号	地级市	文件名称
32	福州	《关于加快推进福州市服务型制造发展的实施方案》
33	泉州	《泉州市人民政府关于发展服务型制造专项行动计划的实施意见》（泉政文〔2015〕95号）
34	郑州	《郑州市发展服务型制造实施方案（2017—2020年）》
		《郑州市人民政府关于加快发展服务型制造若干政策的意见》
35	蚌埠	《蚌埠市推进服务型制造发展专项行动方案（2019—2022年）》（蚌工办〔2019〕6号）
36	徐州	《徐州市加快推进服务型制造发展实施方案》（徐工信发〔2021〕196号）
37	绵阳	《绵阳市制造业服务化发展行动计划（2018—2020年）》
38	嘉兴	《嘉兴市加快发展服务型制造指导意见》
39	常州	《常州市关于推进服务型制造高质量发展三年行动方案》
40	长沙	《长沙市“十四五”服务型制造发展规划（2021—2025年）》（长工信政策发〔2021〕94号）

资料来源：服务型制造研究院整理。

三、我国企业服务型制造转型路径

本书第二章介绍了国际上发达国家典型企业制造服务化的路径，一般延续着“物理产品”—“产品＋基础服务”—“产品＋基础服务＋差异化服务”—“集成解决方案”的路径。在此过程中，我们认为从“提供差异化服务的产品服务体系”开始，企业的服务业务具备较强的竞争力，更为高级的“集成解决方案”因其锚定客户的真实需求解决客户的某种实际生产运营中的问题而更具竞争优势。然而值得注意的是，在第一章的概念板块也提到过，国际发达国家的发展路径因其以“制造服务化”为顶层战略，会更加强调“服务”，尤其注重前端研发设计能力和后端的市场营销能力，而剥离中间附加值较低的生产制造能力，将附加值较低的生产制造板块转移至发展中国家，这也是在近些年国际发达国家出现制造业“空心化”的主要原因之一。我国服务型制造发展路径与发达国家制造服务化路径主要有两个不同点：一是我们的路径更加丰富，发达国家制造服务化的路径视角是以制造业为主，而我们以制造与服务融合的视角理解服务型制造时，是以“企业是否形成了制造与服务融合的价值共创网络”来评定企业是否在做服务型制造的迹象和标志，所以我们服务型制造的关注对象不仅是制造业企业，也包括服务业企业，因此路径更加丰富；二是我们更加强调制造业的高质量发展：我国服务型制造转型路径始终坚持以制造为根基，致力于制造业的高质量发展，所以在提供服务的同时强化企业的产品力和制造能力是服务型制造提倡的，这也是为什么我们在概念中强调了服务型制造的根基是制造业的核心思想。无论是从制造端服务化转型还是从服务端向制造端延伸，强化制造业的高质量发展都是不可动摇的。

本节会根据服务型制造联盟和服务型制造研究院对现有几千家申报示范遴选企业进行研究，探讨企业层面服务型制造转型的三个重点方向：一是制造业企业服务化转型，从而向制造服务商或生态服务商转型；二是服务业企业向制造端延伸赋能制造业企业，从而向制造服务商或生态服务商转型；三是制造商与服务商的能力整合形成更具竞争力的制造服务系统，整体转型为系统级服务商。在此基础上，进一步挖掘支撑企业路径的三类组织创新基本模型。当然考虑作者认知范围和知识有限，企业实践过程中必然有更多的操作方式，此处作为参考，供大家思考、探索。

（一）制造企业服务化转型

1. 制造企业服务化转型的典型路径

我国制造业服务化转型路径演化如图 1 所示，这里我们讨论两个核心问题：一是转型路径的三个阶段，二是转型的每个阶段内产品服务组合的表现形式。

（1）关于转型路径的三个阶段

我们一直在强调服务型制造业务是实现企业与客户价值共创的过程，所以制造企业服务型制造转型过程首先需要转变的是思维方式，同时也亟须培养客户的思维方式。一方面，企业需要由传统的强调产品技术研发、大规模制造、成本优势的以产品价值体系为核心的产品主导思维方式，转向以客户价值为核心、以系统价值最大化为目的、以高附加值的产品服务组合作为价值的核心载体，而实现供需双方价值共创的客户主导思维逻辑。另一方面，需要培养客户，告诉客户买一件产品其实并不是自己真正需要的，真正需要的是能解决自己面临的问题，能通过企业提供的客制化的集成解决方案处理生产生活中的痛点、难点、堵点、痒点，同时更要培养客户养成购买服务的习惯。虽然可能有的时候看起来需要花费更多成本，但是企业从服务全生命周期的角度出发，其实应该是对客户有利的，这也需要企业在提供服务的时候站在客户使用产品服务组合全生命周期的视角进行绩效测算，以提供给客户更加合理的决策依据。这是需要供需双方双向促进共同培养的生产生活习惯。

借用德勤对于制造企业制造服务化的发展阶段的描述，以及服务型制造联盟和服务型制造研究院根据目前已有的示范遴选企业案例可以看出，我国处于第一阶段质量弥补者阶段的制造企业占比约为51%。此类企业一般以产品销售为主，服务种类很单一，一般为简单的维保服务，且服务作为产品质量的附庸，因为产品本身竞争力不足，必须提供相应的服务内容以保障产品正常运转，这也是为什么称之为质量弥补者的原因。在此阶段，服务基本上不产生价值或仅产生少量价值，且此时制造仍占据企业的核心地位，服务部门则作为制造的成本中心，而企业的创新和合作一般发生在研发部门，且创新频率不高。

第二阶段被称为差异化竞争者阶段，此阶段我们的制造企业占比约为41%。此类企业一般基本具备打包销售产品和服务的能力，服务的种类较为丰富，已经可以满足服务业务需求，差异化的服务体系使产品具备更强的竞争力，也因此称之为差异化竞争者。值得注意的是，此时产品仍作为制造企业的核心，但是服务内容已经是产品战略的重要组成部分；且为了更好地提供服务，一般企业调整组织结构，形成专门的服务部门支撑服务业务，因此服务质量与服务能力更为重要，成为产品竞争力的重要衡量指标，服务开始能够帮助企业赚取利润，产生部分价值。在此阶段，与客户直接接触的团队如服务部门、营销部门因其对客户的实际运营情况和需求情况更加了解而开始介入创新环节，也带动整个组织的创新活动频率提高。

在形成差异化竞争力之后企业可以逐步走向第三阶段。第三阶段被称为利润创造者阶段，在此阶段的企业已经具备与客户共创提供集成解决方案的能力，能够为客户提供高附加值的产品服务组合，具备更强能力的企业可以根据客户的需求快速反应形成个性化解决方案。此时售卖集成解决方案的业务体系成为企业的核心业务体系甚至成为独立的业务，服务在此时也成为利润的主要来源，而制造板块反而可能成为成本中心；在此过程中商业模式一般会发生改变，通常会改变产品主导逻辑时通过二元买卖交易的商业模式，形成如以服务等级协议签订更为系统化的合同，在产品服务组合的使用阶段中按使用量进行收费、按合同能源管理等方式进行收费等；同时，在此阶段由于企业与客户的接触点大大增多，企业的创新活动会变得非常频繁。

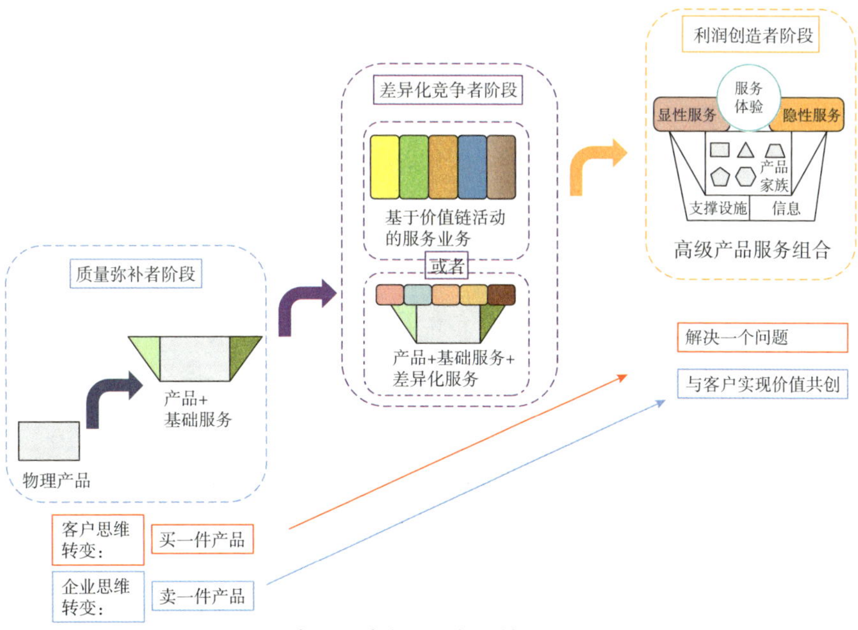

图 1　我国制造企业服务化转型路径演化

资料来源：服务型制造研究院绘制。

（2）关于各阶段产品服务组合的表现形式

服务型制造引导企业做的不仅仅是简单的“产品 + 服务”，而是逐步具备满足客户需求的、提供具有高附加值的产品服务组合的能力。在此过程中以生产要素的边际效益理论为基础，因为在提供高附加值的产品服务组合过程中集聚了更多知识密集度高与技术密集度高的生产要素，如高端技术服务人才（高技术产业的装备检修能力）、更强的管理能力（基于供应链平台管理）、更复杂的集成解决方案技术体系等，故而产品服务组合的价值量在升级过程中也在逐步增长，亦可以大致分为三个等级。发达国家的典型路径（第二章）中主要强调了支持产品正常使用的服务以及支持客户业务正常运营的服务，此段中不再过多赘述重复内容，主要进一步明晰我国产业实践中的不同点和创新点，如图 2 所示。

①“产品导向型服务——支持产品正常使用的服务”：产品导向型服务是质量弥补者阶段和差异化竞争者阶段的主要服务表现形式，企业的产品服务组合形态聚焦于产品提供并维持产品的正常运转，内容包含 Lightfoot 和 Bains 的服务分类中的初级服务和中级服务。在质量弥补者阶段主要的服务内容为初级服务，包括产品及零部件供应以及简单的基础服务如被动的维修保养、备品备件更换等。而差异化竞争者阶段，企业拥有更加丰富的服务体系，一般属于中级服务，从概念中强调的产品服务交付物的能力体系出发，企业提供基于产品的服务内容，以确保售卖出去的产品正常运行，主要包括定期保养、大修、培训、帮助台、基于数字技术的状态监测、远程运维、现场服务等服务内容。

②“客户导向型服务——支持客户业务正常运营的服务”：客户导向型服务在差异化竞争者阶段开始构建，并于利润创造者阶段相对完善。值得注意的是，制造企业以相关多元化战略从价值链活动能力角度出发衍生出的服务体系在差异化竞争者阶段也要开始构建，制造企业强

化自有研发、供应链、检验检测等能力溢出，并对外提供工业设计、供应链管理、检验检测、共享制造、生产性金融等纯服务内容，并以此强化制造业的差异化竞争力，亦有可能为产品服务交付物的能力提供支撑，比如生产性金融中的融资租赁服务可以支撑装备制造业企业售卖单价很高的解决方案。但是需要提醒一下此刻客户概念范畴，不一定局限于传统的企业的下游客户，也有可能是它的供应商，或者其他行业甚至产业的客户群体，只要此类能力可以为之提供服务并赚取利润皆可以算作企业的客户群。进一步地，在利润创造者阶段，客户导向型服务体系愈加成熟，因其在产品导向型服务的基础上构建形成，集成解决方案整合了大量现有产品和产品导向型服务活动，并根据客户的真实需求形成定制化的解决方案，我们称之为高级产品服务组合。

高级产品服务组合是基于我国产业实践、强化制造能力提出的中国特色的集成解决方案的概念，其核心内涵与高级服务一致，但是需要强调的是我们的产品力与制造能力在服务业务的迭代升级过程中是逐渐强化的，我们的服务体验的来源不仅仅关注服务，同时也关注服务的载体——产品家族（见图 1）。我们的产品服务组合强调打造卓越客户的服务体验，以牵引供需双方的价值共创流程。体验的来源一般分为显性服务和隐性服务两种：显性服务是指那些能够用感官直接感觉到的且构成服务本质特性的利益，通过此种服务满足产品购买的功能性需求，也是客户消费的核心原因，比如城市自行车系统中客户通过在信息平台上租赁自行车体验到的自行车骑行服务；隐性服务是指客户能够模糊感知到的、为客户带来精神利益服务，其并非服务体系的本质特性，但是会影响顾客的体验，包含客户体验到的服务的便利性、服务环境的舒适性、对于错误服务的补救措施等，比如租赁自行车时是否方便、付款流程是否简便、车子的座椅是否舒适等均属于此范畴。支撑体验实现还包括高质量的物理产品、支撑设施、信息等相关内容：物理产品是高级服务的载体，亦是我国服务型制造转型路径与国际制造服务化的关键区别，制造服务化在最后的集成解决方案会忽视产品的重要作用，也因此剥离相关制造产业转移至发展中国家；但是我们会更加强化产品的研发制造、质量管控，以及服务体系对于制造系统、对于产品力的反哺作用，比如根据不同的骑乘客户群体持续迭代车子的产品类型，强化其户外的质量和可靠性，等等。支撑设施是提供高级产品服务组合的一般性物质资源，是实现服务体系正常运行的必备保障，比如城市自行车系统中的停车棚、停车桩、租赁平台等。信息则是客户享受高效高质量服务过程中需要提供和监控的运营数据及相关信息，对安全性的要求极高。此阶段中主要包含两大类服务内容，一是以产品为载体形成的产品服务集成解决方案，其表现形式一般为客户支持协议、风险分担和收益分享计划等；二是基于制造业价值链衍生的纯服务内容，例如为销售配套的金融服务、为提升运营效率开发的供应链管理服务等。

③“生态导向型服务——支持（平台）生态中大量企业业务正常运营的服务体系”：生态导向型服务亦是基于我国产业实践发掘的在发达国家的经验基础上进一步提升的服务业务的典型做法。在此过程中我们看到了诸如苹果、小米等以智能产品生态建设为核心竞争力的企业，同时也看到了如宁波贝发这样强化制造价值链能力、形成工业设计平台服务和供应链管理服务生态的企业，为企业发展发掘新的利润增长点，同时也助力主营业务的规模化扩张。生态导向型服务在客户导向型服务的基础上进一步构建形成，企业价值创造的范畴进一步扩张，需要构建生态（可以基于数字化平台）面对大量甚至海量的客户提供高附加值产品服务组合，同时企业需要构建生态运营的服务体系、监管体系等，例如工业设计服务平台、共享制造服务平台、供应链网络平台、智能产品服

务生态，等等。此时企业将具备更强的竞争力，因生态具备网络效应与正向强化效应，极有可能促进企业的指数级增长。

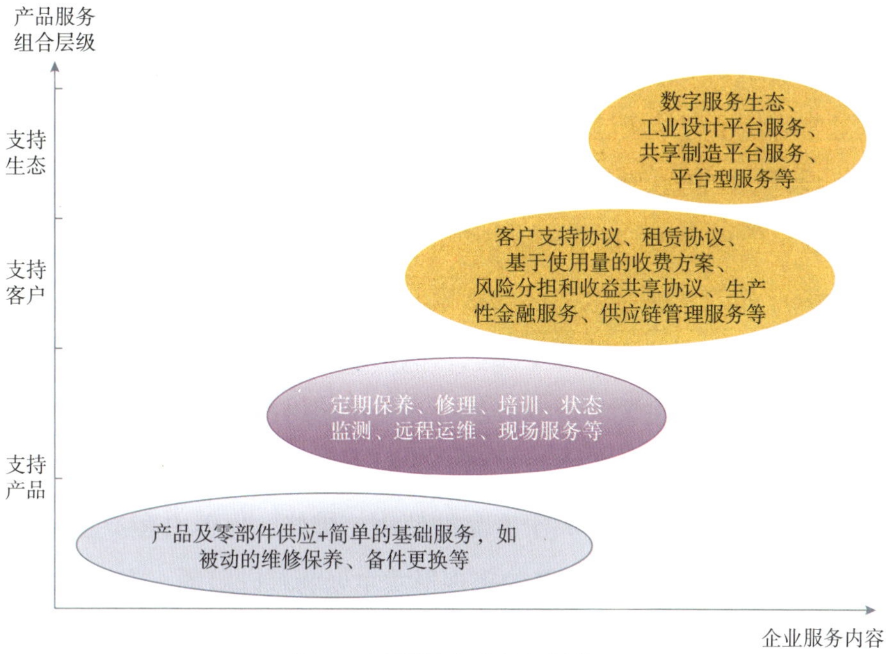

图 2　产品服务组合层级划分

资料来源：服务型制造研究院整理。

2. 制造企业服务化中组织结构创新的基本模型

服务型制造的本质是产业组织方式和产业生态的变革，从企业实践层面看，组织结构的创新是路径实现的关键支撑，企业间需要通过更为精准合理的分工，通过生产资源的调配组合，在系统层面实现企业利益的最大化、效率的最大化。组织结构的创新是企业生产组织形式的典型外在表现，新的组织结构搭配新的组织机能以支撑服务型制造业务的开展。从示范遴选企业的案例经验可以看出，制造企业生产组织结构变革主要表现在企业核心价值链活动范围及能力的变化。变革也主要分为两大基本方向，分别为价值链纵向整合和价值链横向拓展。值得提醒的是，客户可以是B端客户也可以是C端客户，只是说面向C端的时候可能需要制造商通过分销商等渠道间接影响终端用户，面向B端的时候影响会更加直接。

图3所示为传统制造价值链从供给侧向需求侧延展形成活动。传统制造商通常定位于产品交付之前的所有环节，包括从前端产品概念出发的产品研发设计、中间生产制造，辅之相应的产品原材料采购、物流及库存管理等供应链管理活动。随着产品销售活动结束，产品所有权转移，传统制造商获取产品的交换价值，这也意味着传统制造商参与主导的活动基本结束，主要价值创造活动基本完成。以销售为核心分界线，企业的主要活动在后市场阶段主要为被动等待产品的维修维护。客户通常定位于产品交易完成，获取产品所有权之后，客户主导产品的管理运营和以产品为核心的业务活动，其中关于产品的使用、维修、保养由客户主导，制造商辅之。在此过程中，服务的表现形式主要为基础服务，附加值较低。

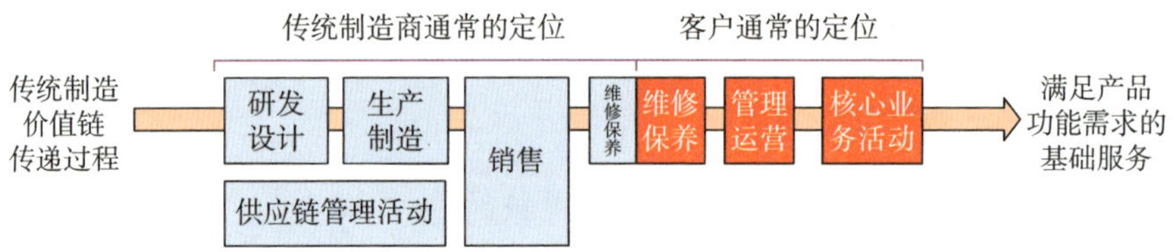

图3　传统制造业价值链活动的组织结构

资料来源：服务型制造研究院绘制。

组织结构创新的基本模式之一是价值链纵向整合。如图4所示，此图注意维修保养附近的价值链活动的变化情况。一般而言，在价值链纵向整合的模式中，传统制造商定位转变为制造服务商，制造企业的业务范畴在扩张，其本质原因在于企业思维范式的转变，当企业从卖一件产品转变到解决客户的问题的时候，就需要融入客户的业务体系中。这种情况下，传统制造商的价值链中制造商定位需要改变，制造商的视角不能仅仅聚焦在生产制造过程，其服务体系也需要从销售后的少部分的维修保养环节进一步扩张，不断延伸至产品的全生命周期的维修保养（支持产品正常运行的服务内容），再进一步扩展到客户相关业务的运营管理体系，帮助客户解决实际的问题（支持客户业务正常运营的服务内容）。大部分客户的相关管理运营此时会由企业主导（甚至全部外包给企业，完全由企业把控），客户参与度可以较低（完全外包的时候客户一般不太参与）亦可以较高（客户深度参与企业的价值创造过程，并给予持续的建议、需求反馈、使用体验反馈等与企业实现价值共创，后者是我们更加提倡的价值创造机制）。值得注意的是，此图是较为简单地帮助读者理解组织结构变化的简化示意图，真实的企业情况会比这个更为复杂，而且企业在整合能力体系为客户提供服务的过程中其实也会向上游整合相关能力体系，更好地支撑服务业务体系的建设。可以看出，在此过程中服务的价值在增值，由原本附加值较低的、满足产品功能需求的基础服务（窄箭头）转变为附加值较高的、满足客户价值需求的高级服务。以杭氧股份为例，杭氧股份通过收购工程建设公司，获得工程

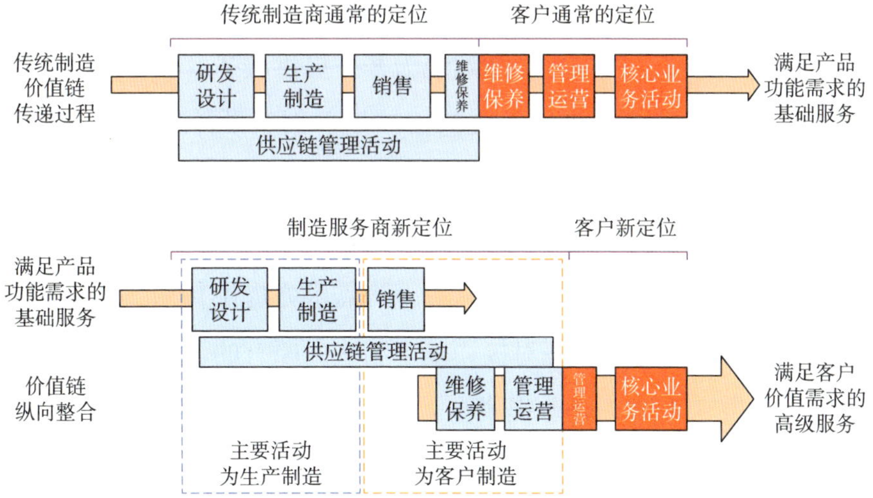

图 4　价值链纵向整合的组织结构创新

资料来源：服务型制造研究院绘制。

建设资质，整合工程建设能力后形成了工程建设、设备制造、系统搭建、气体运营的总集成总承包的服务体系，到客户园区搭建气体运营中心，并派遣专门的驻场工程师及维保人员，对气体运营中的制氧机负责气体生产管理及制氧设备的维修保养等。客户只需关注制氧的最终结果，如系统稳定情况、供氧量的情况等，进而将注意力聚焦到自身核心业务即可。

组织结构创新的基本模式之二是价值链横向拓展。如图 5 所示，此图注意生产制造环节的价值链活动的变化情况。一般而言，在价值链横向拓展的模式中传统制造商定位会发生偏转，可以称之为生态服务商，企业本身的主营业务持续经营，变化在于制造企业立足于自身原有的在制造领域的研发设计核心技术、生产制造关键技术及优质制造供应商等资源能力优势，进一步强化能力体系（基于冗余能力体系）使其溢出对同行业（或其他行业）产业链提供基于企业制造价值链活动的高级服务业务（属于支持客户业务正常运营的服务）。如图 5 所示，深蓝色的工业涉及服务板块会相较于浅蓝色的研发有更强的对外服务能力（面积稍大代表能力更强），当成为稳定的服务板块时企业会形成相应的服务部门甚至服务子公司，以求更加高效地为客户提供服务。

价值链横向拓展的典型做法包括：基于创新设计理念、新研发技术、新设计工艺、新材料应用，面向制造业设计需求，为制造企业客户提供工业设计服务；基于制造商通用性强、灵活、分散闲置的制造工厂、生产设备、专业人才等制造资源，为需求方提供共享制造服务，进而实现供需弹性匹配、动态对接；基于制造商原有的认证资质及检验检测资源与能力，为制造企业提供全过程关于产品质量的检验检测服务；基于制造商在安排工厂布局、优化生产管理流程、建设物流仓储设施等方面的经验与能力，对有采购需求、管理库存需求和供应链精益化需求的制造企业客户，提供集中采购、供应商管理库存（VMI）、精益供应链等供应链管理服务；基于制造商在债券融资、股权融合、项目融资等多方面的经验与能力，为有融资租赁、保险保障和卖（买）方信贷需求的制造企业客户提供配套生产性金融服务。例如贝发集团，强化研发设计与供应链管理能力，形成面向国内外海量设计师设计团队的文具工业设计平台，以及面向宁波当地几千家中小型文具制造企业的供应商管理服务平台，在此两种能力的建设上均实现了对产业的服务能力，并赚取高额利润。

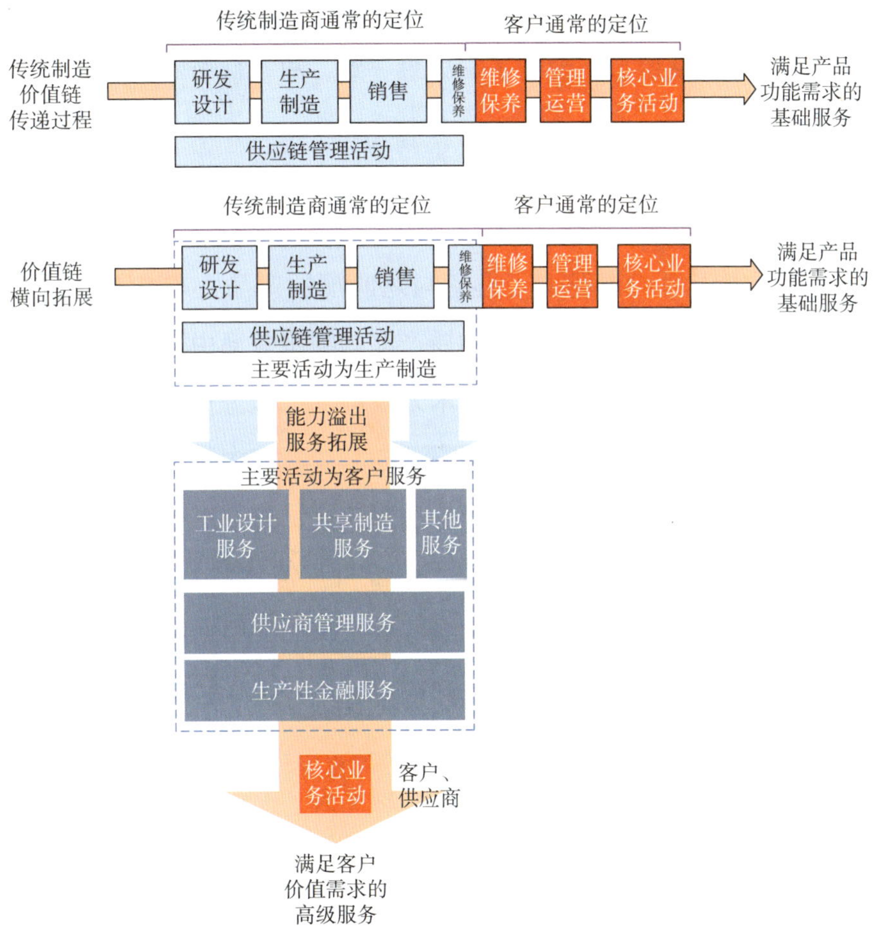

图 5 价值链横向拓展的组织结构创新

资料来源：服务型制造研究院绘制。

（二）服务企业向制造延伸

除制造向服务探索以外，另一典型的服务型制造发展路径是服务领域向制造过程的拓展延伸。一是纯服务商自建制造板块以拥有制造能力，支撑自己的服务业务；二是纯服务商可以通过构建平台，借助平台数字网络化技术联结制造商与客户等其他利益相关者，最终形成制造服务价值共创网络的典型路径。其实服务向制造延伸同样有其背后的组织结构的创新，第一类情况的基本模型与制造商服务化转型基本思想一致；第二类情况的基本模型与平台的基本思想一致，故在此节不再赘述。

（1）纯服务商向制造服务商转型

纯服务商延伸至制造板块一般是因为企业想通过整合制造能力，以获取更强的竞争力或市场上不具备与之匹配的产品力来支撑其服务体系，需要它扩展制造能力以补充物质产品。纯服务商由于其服务业务活动的特殊性，其服务经理、服务技术人员及一般服务业务人员往往与客户接触最密切。相比于纯制造商而言，纯服务商在多数情况下能获取客户最不失真的需求、对服务质量的要求等关键信息。这些一手的关键信息对反哺制造即帮助制造企业改善产品设计、优化产品创新意义重大。经过改善的产品和服务更能满足顾客需要，从而能够通过提高销售率及客户满意度，进而帮助企业提升盈利能力。比如，在众多服务商中，敏锐的下游零售服务商等其他服务主导者可通过向上游、前端反向延伸，自建或购买厂房，安置生产线并配置生产工人，从而扩展制造能力，完成由服务商向制造服务商的转型。

（2）打造服务平台赋能制造商

随着数字技术在产业实践中的深度应用，各类服务平台不断涌现，平台形式是近现代重要的经济发展模式，构建服务平台网络式联结广泛制造商、客户等多方利益相关者将是服务型制造重要的融合发展趋势之一。典型的平台模式如共享制造平台，可以实现创新能力共享：围绕中小企业、创业企业灵活多样且低成本的创新需求，构建共享制造平台，发展汇聚社会多元化智力资源的产品设计与开发能力共享，扩展科研仪器设备与实验能力共享；实现制造能力共享：聚焦加工制造能力的共享创新，重点发展汇聚生产设备、专用工具、生产线等制造资源的共享平台，发展多工厂协同的共享制造服务，发展集聚中小企业共性制造需求的共享工厂，发展以租代售、按需使用的设备共享服务。

（三）制造与服务融合的制造服务系统

制造服务系统之于服务型制造犹如产品服务系统之于制造服务化，企业开展服务型制造转型的核心抓手就是构建一个个的制造服务系统，可以说无论是制造企业服务化转型，还是服务企业向制造延伸，其本质都是在构建制造服务系统。其实在上文两种路径中，我们探讨组织结构变化都是在以某一个企业的视角在讨论问题。例如制造服务化我们观察的可能是一个大型的企业，基于自己的能力、资金等资源可以完成转型，包括我们在示范遴选中看到的都是某个企业的转型和模式。但是制造服务系统提倡的是另一种典型模式，这种典型模式是可以让中小微企业可以形成合力，通过系统的方式构建更为强大的竞争力，进而具备与大型企业同台竞争的资格。

如图 6 所示，传统制造商的价值链活动中投入性活动、生产性活动等活动环节都可以与供应商（如零配件供应商、部件供应商等）形成自己的供应链，但是这种结构一般较为松散，而且供应链内部传递的一般也是附加值较低的生产制造的产品。制造服务系统的构建可以帮助企业探索新的协同合作方式，形成新的价值创造的组织结构。理想的制造服务系统如下：①企业、客户与利益相关方达成共识，有价值共创的统一目标；②针对客户的某种需求，明确某企业作为服务提供的核心主体，其他利益相关方作为服务主体的服务供给网络，形成紧密合作的协同网络组织；③服务主体的企业需要向制造服务商转型，其组织结构可能会发生拉伸，如同价值链纵向整合的基本模型；④系统内所有角色之间的合作需要通过高级服务传递，如原本的部件供应商转型成为制造服务商m提供基于其某种部件的高级产品服务组合，这样不同角色通过高级服务的注入形成的新的系统，会相对于原本的供应链条，形成高级服务的传递系统，同时整个系统也会创造更大的价值。

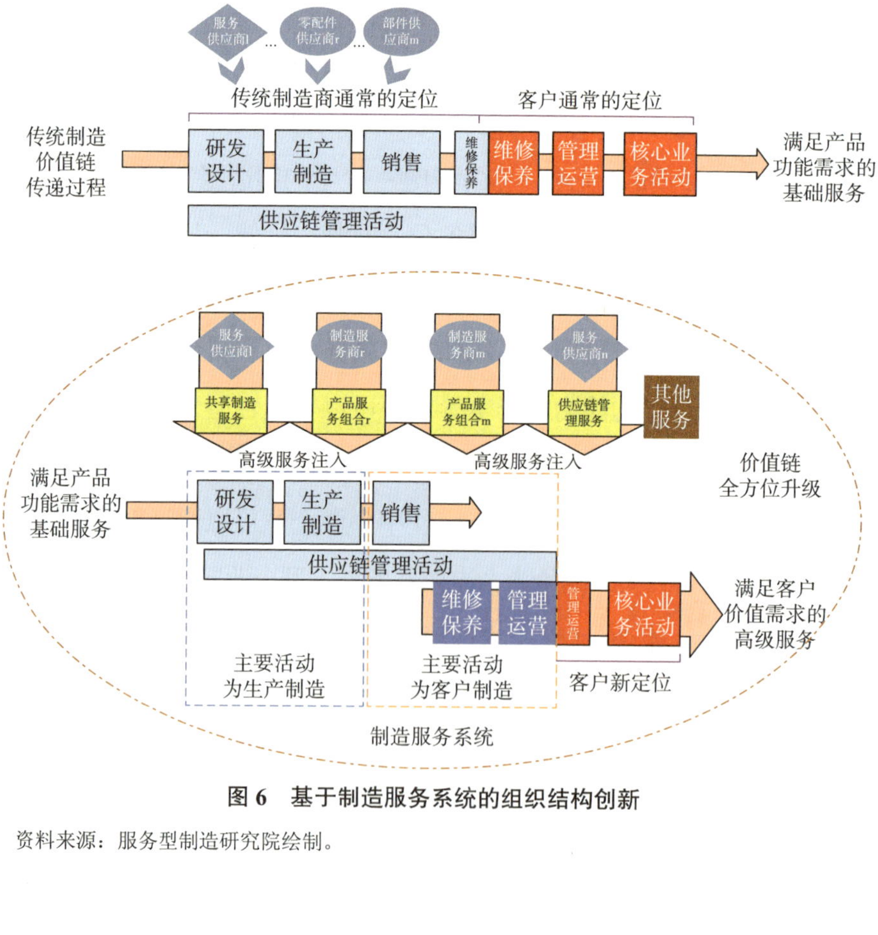

图6　基于制造服务系统的组织结构创新

资料来源：服务型制造研究院绘制。

四、全球服务型制造发展指数报告

制造业是立国之本、强国之基、兴国之器。发展服务型制造是加快建设制造强国，落实制造业高质量发展，推动企业提质增效、转型升级的重要举措。党中央、国务院高度重视服务型制造发展，指出要推动先进制造业和现代服务业深度融合，加速推进制造业向智能化、服务化、绿色化转型。《国民经济和社会发展第十四个五年规划和 2035 年远景目标纲要》中明确提出要“发展服务型制造新模式”。2020 年，工业和信息化部等 15 部门印发《关于进一步促进服务型制造发展的指导意见》。

“十三五”以来，我国服务型制造取得长足进步。但如何正确认识和评价我国服务型制造发展水平及全球主要经济体发展态势，急需一套客观、科学的指标体系进行衡量。

《全球服务型制造发展指数报告》（以下简称《报告》）是在工业和信息化部产业政策与法规司的指导下，由中国服务型制造联盟、服务型制造研究院联合研究并发布的重要理论成果，是我国首次对主要国家全球服务型制造发展指数进行分析和研究。《报告》从制造基础、生态建设、发展成效 3 个方面，分 15 项指标对各国服务型制造发展现状展开评价，为我国制造业高质量发展提供了切实的定量评估和监测工具，也为我国制造业提高产品附加值、攀升价值链地位找到了突破方向。

中国服务型制造联盟、服务型制造研究院在未来一段时间内将持续滚动发布《报告》，并根据服务型制造发展新态势，不断优化相关指标及评价工作，以期进一步提升评价工作的科学性和有效性，为中国制造业高质量转型发展作出有益的贡献。

（一）全球服务型制造发展指数指标体系

1.服务型制造内涵及发展维度

（1）服务型制造内涵

服务型制造是“以社会、环境的和谐发展为主线，以市场的价值需求为导向，以数字技术的普及应用为支撑，通过服务要素重塑制造价值链，创新生产组织形式，打造高附加值产品服务组合，构建制造与服务融合的价值共创网络，进而跨越传统产业边界，全方位重塑产业关系，实现制造与服务融合发展的新型产业生产方式和产业形态”。

（2）服务型制造发展维度

在服务型制造内涵和产业实践基础上，服务型制造发展需要综合考虑以下三个维度。

①制造基础。服务型制造是数字智能时代制造与服务融合发展的必然选择，是制造业高质量发展的重要方向，其发展的根基在制造业，故“制造基础”作为指标体系的第一维度。

②生态建设。服务型制造是以产业生产组织关系创新为核心引领制造与服务融合发展的新型产业生产方式和产业形态，其融合发展对于构建全方位、宽领域的服务型制造发展的生态提出极高的要求，故而以“生态建设”作为指标体系的第二维度。

③发展成效。服务型制造的发展成效是衡量服务型制造阶段性成果

的最直接指标，强调制造业不断增加服务要素的投入和产出以获取更高的收益、增强产品和服务的销售能力和市场竞争力。“发展成效”作为指标体系的第三维度，通过构建多层次的发展成效指标体系，旨在更加科学、合理地评估一国服务型制造发展水平。

2.评价指标体系构建

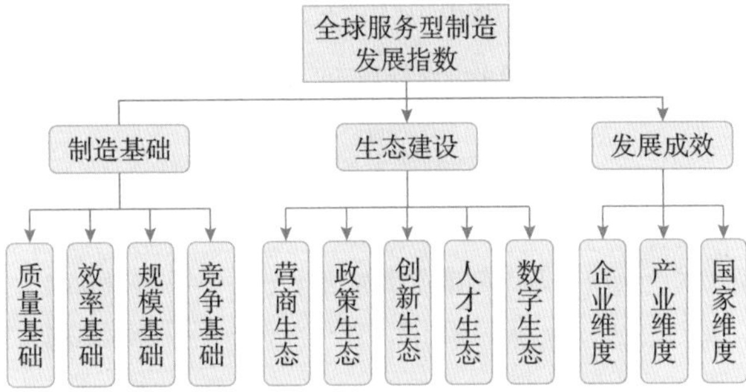

图 7　服务型制造发展指数指标体系框架

资料来源：服务型制造研究院编制。

（1）制造基础

参考中国工程院编制的《制造强国发展指数报告》、联合国工业发展组织的《工业竞争力指数》等 8 个制造业相关指数研究报告，结合服务型制造概念体系与发展理念，本指数从质量、效率、规模及国际竞争等 4 个维度构建制造基础指标体系（见图 7）。

（2）生态建设

服务型制造是制造与服务融合发展的新型产业形态。推动服务型制造发展需要多维度的生态环境。结合产业融合、服务型制造、产品服务系统等相关研究，本指数从系统性推进服务型制造发展的视角出发，认为支撑服务型制造发展的生态建设指标包括营商、政策、创新、人才及数字 5 个维度。

（3）发展成效

为从多维度展示各国服务型制造的发展成效，本研究从企业、产业及国家等 3 个维度纵深了解各国服务型制造的发展成果。

经过严格的指标筛选和专家咨询，综合考虑指标与服务型制造概念体系的相关性以及官方数据的可得性，最终构建了由 3 个一级指标及 15 个二级指标构成的服务型制造发展评价指标体系（见表 1）。

表 1　服务型制造发展评价指标体系

<table>
<tr><th>一级指标</th><th>二级指标</th><th>指标维度</th><th>数据来源</th></tr>
<tr><td rowspan="4">制造基础</td><td>高技术产业增加值占制造业增加值比重</td><td>质量基础</td><td>世界银行</td></tr>
<tr><td>人均制造业增加值</td><td>效率基础</td><td>UNIDO</td></tr>
<tr><td>制造业增加值</td><td>规模基础</td><td>世界银行</td></tr>
<tr><td>制造业贸易世界影响力</td><td>竞争基础</td><td>UNIDO</td></tr>
<tr><td rowspan="5">生态建设</td><td>营商环境</td><td>营商生态</td><td>世界银行</td></tr>
<tr><td>服务业开放程度</td><td>政策生态</td><td>经合组织</td></tr>
<tr><td>一国研发支出占GDP比重</td><td>创新生态</td><td>UNESCO</td></tr>
<tr><td>技术服务人员总量占就业人口比重</td><td>人才生态</td><td>世界银行</td></tr>
<tr><td>信息通信技术使用指数</td><td>数字生态</td><td>国际电信联盟</td></tr>
<tr><td rowspan="6">发展成效</td><td>一国制造企业知名服务品牌数
（世界制造业500强）</td><td rowspan="2">企业维度</td><td rowspan="2">企业年报</td></tr>
<tr><td>一国制造企业服务营收占500强总营收比重
（世界制造业500强）</td></tr>
<tr><td>制造业服务产出程度</td><td rowspan="2">产业维度</td><td>经合组织</td></tr>
<tr><td>制造业服务投入强度</td><td>经合组织</td></tr>
<tr><td>一国产品出口额</td><td rowspan="2">国家维度</td><td>世贸组织</td></tr>
<tr><td>一国服务出口额</td><td>世贸组织</td></tr>
</table>

资料来源：服务型制造研究院编制。

3. 评价国家选择

兼顾经济发展与国家地理分布，本报告选择评价的国家为某地区制造业发展有一定优势的国家，包括中国、日本、韩国、印度、美国、巴西、英国、德国、法国、俄罗斯和南非共 11 个国家。

（二）全球服务型制造发展指数模型

1. 指数计算方法

基于评价方法的适用性和计算的可行性，本研究采用指数加权分析法评价各国服务型制造发展，具体公式如下：

$$S_i = \sum P_i \times W_i$$

公式中，S_i 为某国服务型制造指数综合得分，P_i 是该国经过无量纲处理后得到的各二级指标值，乘以相应的权重 W_i 得到一国某二级指标的分值；进一步分别计算出各一级指标的分值，其后进行加总就得到各国的服务型制造发展的综合得分。

2. 数据无量纲处理

本研究采用线性比例变换法中的“最大值法”，对指标的原始数据进行无量纲处理，得到标准化数值，计算公式如下：

$$\text{指标标准值} = \frac{Y_i\text{年某指标原值}}{\text{本年度该指标最优值}} \times 100$$

该方法不仅解决了指标单位间存在差异性的实际问题，同时反映了各国二级指标与全球最优发展状况的差异程度。

3. 指标权重测算

为提高服务型制造发展指数定量评价方法的准确性和适用性，本研究考虑到各个指标间的相互作用和相互影响，使用网络分析法（ANP）研究指标体系内各个指标的权重值。全球服务型制造评价指标体系的一级指标和二级指标的综合权重及排名结果见表 2。

表 2　服务型制造评价指标权重

一级指标	二级指标	权重（%）	权重排名
制造基础（34.52%）	高技术产业增加值占制造业增加值比重	6.45	7
	人均制造业增加值	10.49	2
	制造业增加值	9.97	3
	制造业贸易世界影响力	7.61	5
生态建设（24.34%）	营商环境	1.12	15
	服务业开放程度	3.07	14
	一国研发支出占GDP比重	5.24	11
	技术服务人员总量占就业人口比重	9.08	4
	信息通信技术使用指数	5.84	9
发展成效（41.14%）	一国制造企业知名服务品牌数（世界制造业500强）	4.75	12
	一国制造企业服务营收占500强总营收比重（世界制造业500强）	5.60	10
	制造业服务产出程度	13.76	1
	制造业服务投入强度	7.03	6
	一国产品出口额	4.01	13
	一国服务出口额	5.99	8

资料来源：服务型制造联盟、服务型制造研究院。

（三）11 国服务型制造发展评价结果

本篇将通过分析服务型制造发展指数及制造基础、生态建设和发展成效 3 个一级指标的 2021 年现状、2016—2021 年变化趋势，评估 11 个国家的服务型制造发展。

1. 总体指数

（1）现状评价

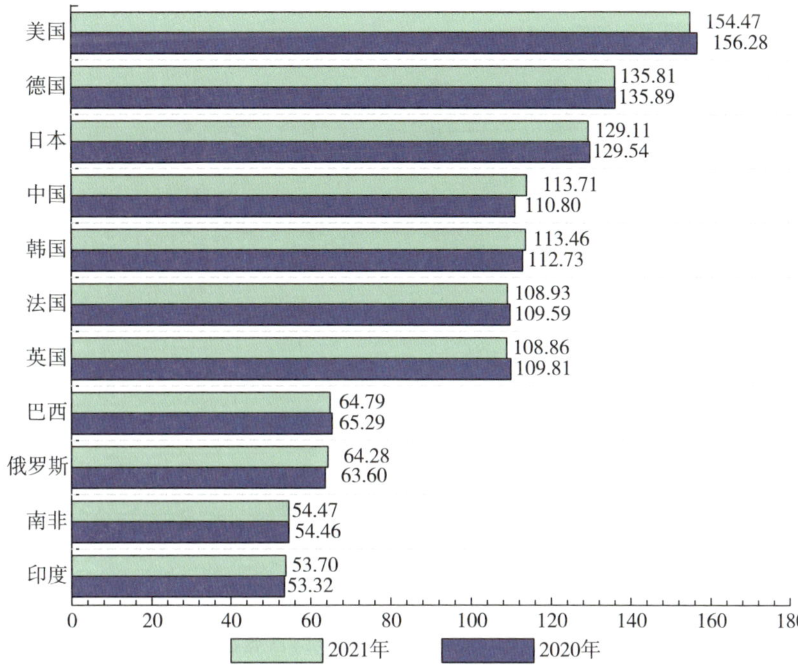

图 8　2020—2021 年 11 国服务型制造发展指数

资料来源：服务型制造研究院绘制。

2021 年，11 国服务型制造发展指数排名从高到低依次为美国（154.47）、德国（135.81）、日本（129.11）、中国（113.71）、韩国（113.46）、法国（108.93）、英国（108.86）、巴西（64.79）、俄罗斯（64.28）、南非（54.47）、印度（53.70）。较 2020 年指数值变动率分别为 –1.16%、–0.06%、–0.33%、2.62%、0.65%、–0.6%、–0.87%、–0.77%、1.07%、0.02%、0.71%（见图 8）。其中，中国 3 项一级指标均呈现 2% 以上涨幅，带动服务型制造指数涨幅位居第一，服务型制造发展各方面均有亮眼表现。美国受“制造业增加值”及“人均制造业增加值”指标数据的影响，一级指标制造基础下降 3.7%，指数下降幅度位列 11 国之首。

（2）趋势分析

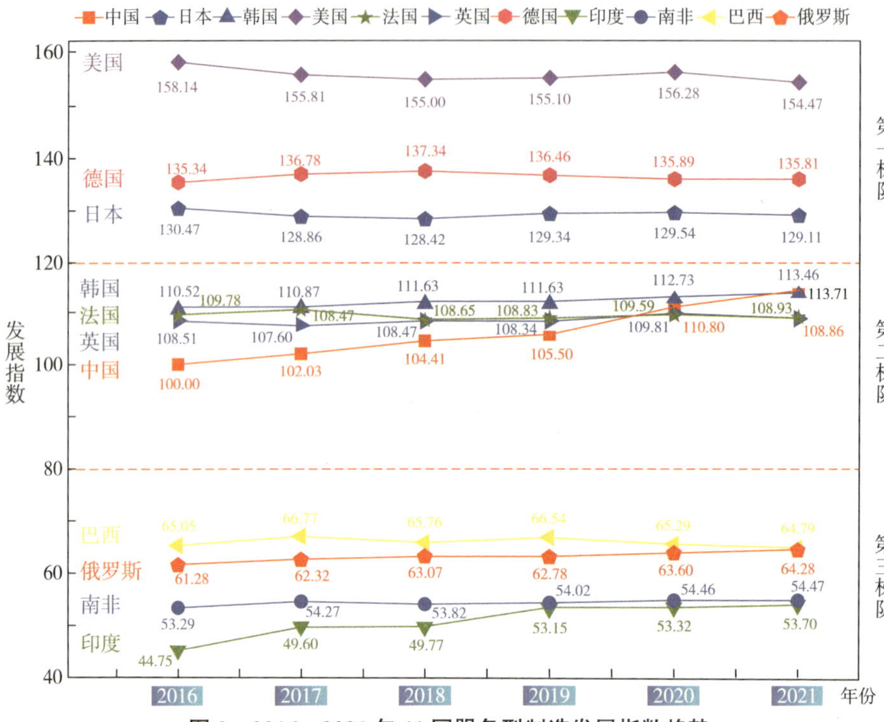

图 9　2016—2021 年 11 国服务型制造发展指数趋势

资料来源：服务型制造研究院绘制。

2016 年以来，所评价 11 国服务型制造发展呈现清晰的三个梯队，美国、德国、日本的指数均在 120 以上，属于第一梯队；韩国、法国、英国及中国的发展指数为 80~120，处于第二梯队；其他国家指数均在 80 以下，归为第三梯队（见图 9）。

2016 年以来，服务型制造发展指数除美国出现 2% 以上的降幅外，其他国家均保持一定增速或基本稳定发展态势。其中，印度、中国、俄罗斯分别提升 20%、13.7%、4.9%，增幅位居前三。中国排名由第七攀升到第四，位居第二梯队首位。发达经济体中，韩国以 2.7% 的增幅稳步推进服务型制造发展，其他国家总体发展较为平稳，而美国主要受制造基础的部分指标数据影响，导致发展指数下降 2% 以上。

2. 制造基础指标

（1）现状评价

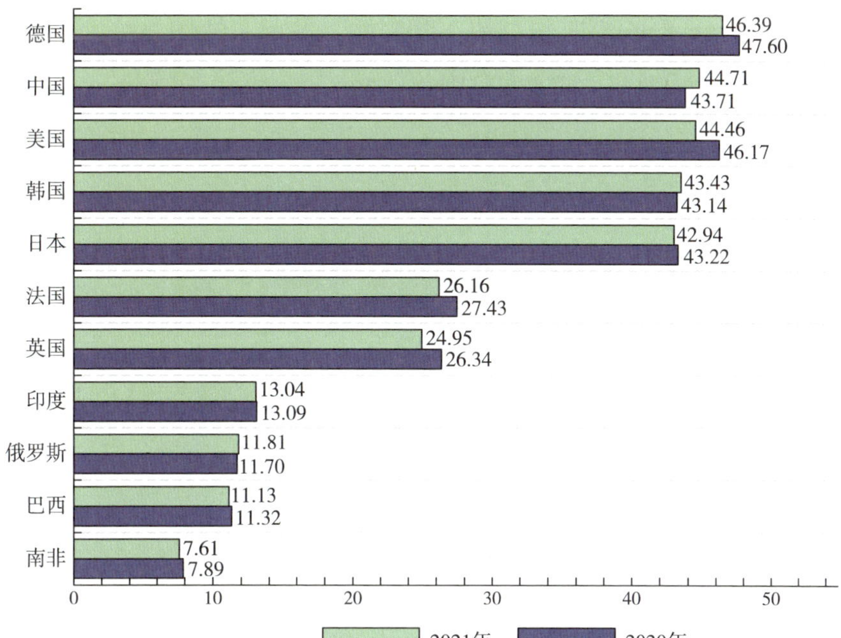

图 10　2020—2021 年 11 国制造基础指标值

资料来源：服务型制造研究院绘制。

图 10 中，2021 年，11 国制造基础指标从高到低的顺序为德国（46.39）、中国（44.71）、美国（44.46）、韩国（43.43）、日本（42.94）、法国（26.16）、英国（24.95）、印度（13.04）、俄罗斯（11.81）、巴西（11.13）、南非（7.61）。11 国制造基础指标该年平均值为 27.28，德国、中国、美国、韩国及日本等国家制造基础指标高于平均值，而法国与英国由于制造规模基数较小，制造基础指标略低于平均值，印度、俄罗斯、巴西以及南非等国家的制造基础指标则远低于平均值，“金砖五国”中仅中国的制造基础实力雄厚，抵御全球经济波动风险能力强。

与 2020 年相比，仅中国、韩国、俄罗斯三国制造基础指标上升，其中中国“制造业增加值”“制造业世界贸易影响力”指标值上涨显著，增长率达 2.29%，增长态势远超俄罗斯和韩国，增幅排名第一。俄罗斯、韩国的增长率分别为 0.94%、0.67%。此外，受“人均制造业增加值”“制造业的世界贸易影响力”指标值下降影响，英国、法国与美国的制造基础指标下降趋势明显，下降率分别为 5.28%、4.63%、3.70%。

（2）趋势分析

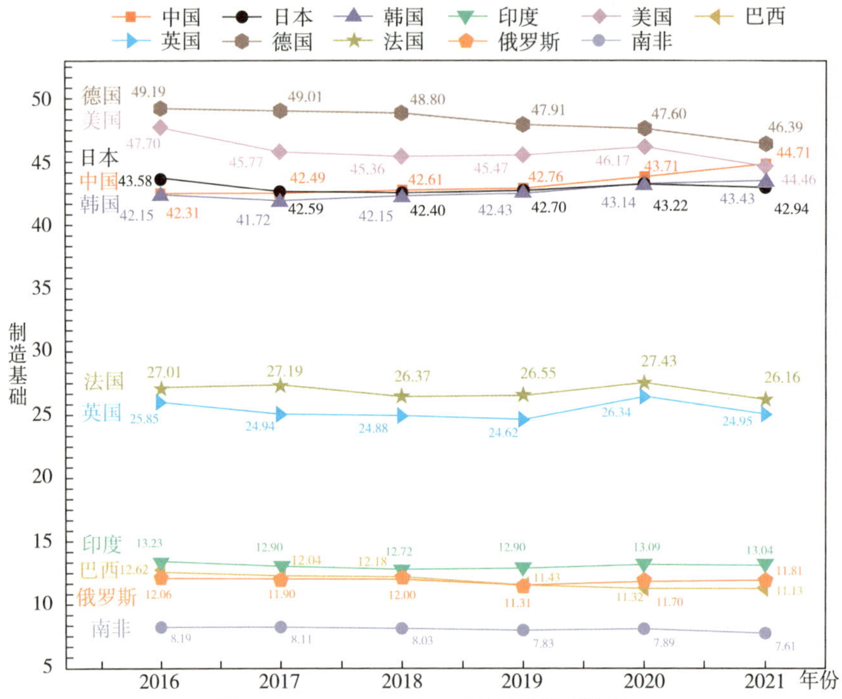

图 11　2016—2021 年 11 国制造基础趋势

资料来源：服务型制造研究院绘制。

2016—2021 年，11 国中制造基础指标呈现正增长的国家仅有中国及韩国，分别增长 5.67%、3.04%。中国在“人均制造业增加值”“制造业规模”“制造业世界贸易影响力”等指标值增长的推动下，制造基础指标由 2016 年的第四名升至 2021 年的第二名，增长幅度位居 11 国之首，尤其是 2021 年我国克服疫情影响，制造基础指标增速显著，一举超越美国。韩国则在“高技术产业增加值占制造业增加值比重”“人均制造业增加值”等指标的增长影响下，在 2021 年超过日本，位列第四。美国则受“人均制造业增加值”及“制造业世界贸易影响力”指标值影响，制造基础指标降幅最大，2016—2021 年指标值下跌 6.79%（见图 11）。

3. 生态建设指标

（1）现状评价

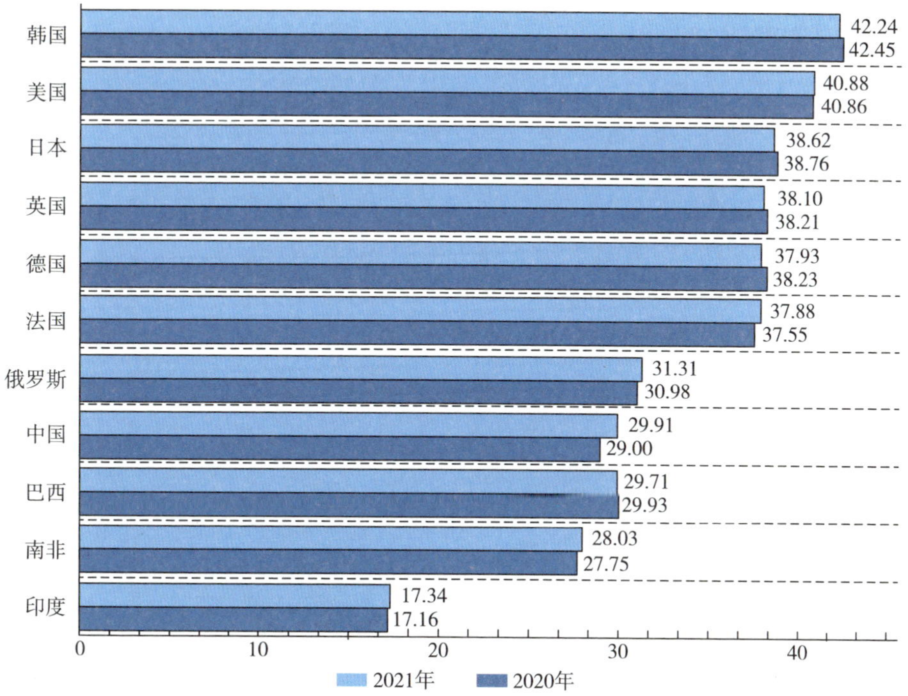

图 12　2020—2021 年 11 国生态建设指标值

资料来源：服务型制造研究院绘制。

图 12 中，2021 年，韩国服务型制造生态建设以 1.36 优势领先美国，在 11 国中位列第一。韩国优势最突出的指标为“研发支出占 GDP 比重”，是 11 国中唯一指标值在 3.5% 以上的国家。2021 年，生态建

设指标排名第二至第十一的国家分别为美国（40.88）、日本（38.62）、英国（38.10）、德国（37.93）、法国（37.88）、俄罗斯（31.31）、中国（29.91）、巴西（29.71）、南非（28.03）及印度（17.34）。

2021 年生态建设指标平均值为 33.81，处于平均值以上的国家有韩国、美国、日本、英国、德国及法国，均属于发达国家。中国 2021 年生态建设指标值仅为 29.91，与发达国家相比差距明显，其中，“一国研发支出占 GDP 比重”“服务业开放程度”“技术服务人员总量占总就业人口比重”等指标差距较大。

（2）趋势分析

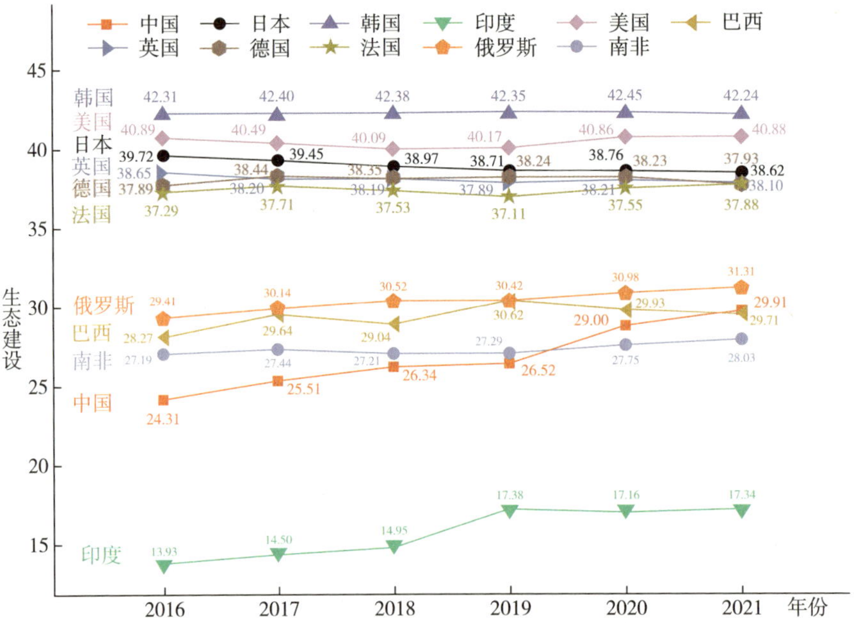

图 13　2016—2021 年 11 国生态建设趋势

资料来源：服务型制造研究院绘制。

从 2016 年至 2021 年发展趋势来看，韩国、美国等发达国家一直位居生态建设指标排名的前列，且指标值保持相对稳定。发展中国家则呈现不断提升的趋势。印度因其基数较低，增幅为 24.48%，增速列 11 国首位。中国保持稳定的发展速度，五年增长 23.04%，增速位居第二，排名从第十提升至第八（见图 13）。

2016 年，我国生态建设各项指标均严重落后于发达国家，部分指标甚至落后于其他发展中国家，导致我国在 2016 年发展生态指标值不及美国的 60%。经过几年发展，我国持续改善营商环境、加大服务业开放程度、大力发展新兴基础设施建设等，生态建设中“营商环境”“服务业开放程度”“信息通信技术使用指数”指标值提升明显。

4. 发展成效指标

（1）现状评价

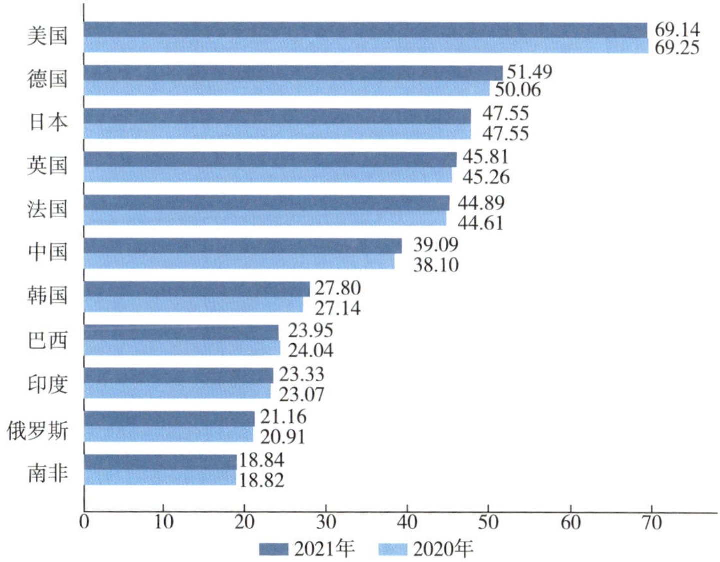

图 14　2020—2021 年 11 国发展成效指标值

资料来源：服务型制造研究院绘制。

图 14 中，从 2021 年发展成效指标排名来看，美国以绝对优势位列 11 国首位。在发展成效 6 个二级指标中，除“一国产品出口额”指

标外，其他 5 个指标美国均领先，其中“一国服务出口额”及“一国制造企业知名服务品牌数（世界制造业 500 强）”指标值是排名第二名国家的近 2 倍。德国、日本、英国、法国四国分别排在第二至第五位；排名第六至第十一位的国家分别为中国（39.09）、韩国（27.80）、巴西（23.95）、印度（23.33）、俄罗斯（21.16）、南非（18.84）。

从发展成效指标年平均值看，2021 年 11 国发展成效的年平均值为 37.55，处于发展成效均值以上的国家有美国、德国、日本、英国、法国及中国。中国虽然处于平均值以上，但与前五名相比仍有一定差距。韩国受“一国制造企业知名服务品牌数（世界制造业 500 强）”和“一国服务出口额”指标影响，发展成效低于中国。

（2）趋势分析

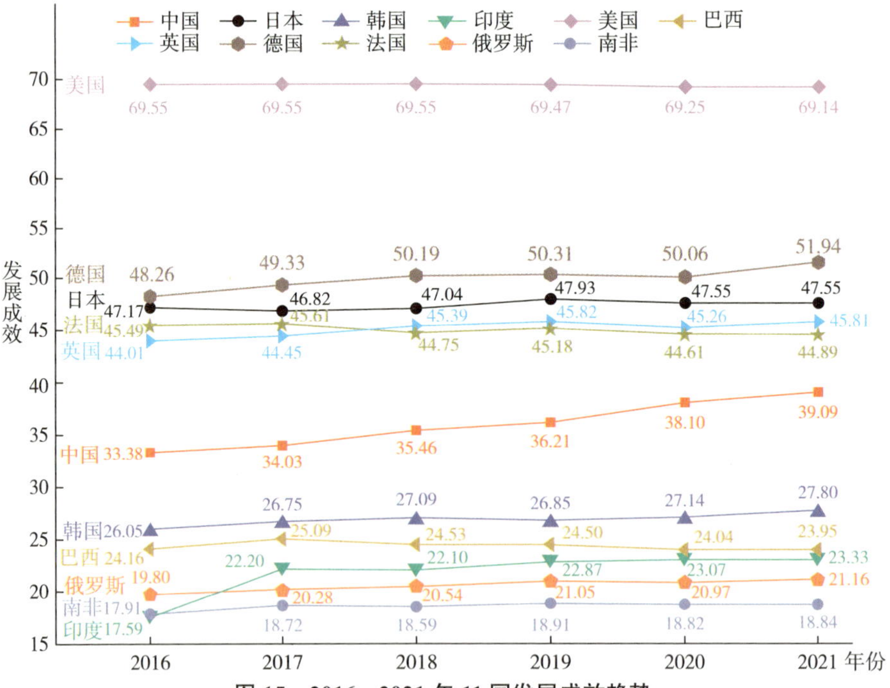

图 15　2016—2021 年 11 国发展成效趋势

资料来源：服务型制造研究院绘制。

从发展成效趋势看，美国连续以接近 70 的指标值，独自占据首位。2021 年德国、日本、英国、法国分别位列第二至第五，其中德国的发展成效指标值仍保持稳定的增速，逐渐拉大对日本的领先优势。从 6 年增幅来看，印度增幅达到 32.63%，位列 11 国之首，排名提升 2 位（见图 15）。

中国发展成效指标值由 2016 年的 33.38 提升到 2021 年 39.09，增长幅度仅次于印度。其中贡献最大的指标为“一国制造企业服务营收占 500 强总营收比重（世界制造业 500 强）”和“一国服务出口额”。2016 年我国“制造企业服务营收占 500 强总营收比重（世界制造业 500 强）”不足 10%，2021 年则提高到 15.02%，而我国“服务出口额”2021 年较 2016 年增长 87%，同时在其他指标也同步增长的良好成效下，我国服务型制造发展成效接近第二梯队。

5. 小结

2016—2021 年，11 国服务型制造发展呈现明显的梯队，第一梯队指数值为维持在 120~160，由美国、德国、日本组成；第二梯队有中国、韩国、英国、法国四国，指数值为 80~120，第三梯队则为 40~80，国家有巴西、俄罗斯、南非和印度四国。近 5 年来，中国服务型制造发展取得显著成效，增速位列首位，排名从第七攀升到第四，位居第二梯队首位（见表 3）。美国、德国、日本、英国、法国等高度发达经济体在服务型制造的各维度均相对成熟，指数波动较小，仅美国受制造业规模指标相对下降影响，导致其指数出现一定幅度的下跌。韩国作为后起工业化国家，制造基础实力不容小觑，服务型制造生态建设在 11 国中位列首位，发展成效不断提升。而巴西、俄罗斯、印度、南非四国作为新兴经济体，尽管部分指标呈现增长趋势，但由于各指标基数较小且制造基础薄弱，服务型制造发展总体水平落后明显。

表 3　2016—2021 年 11 国服务型制造发展指数变动值

2016 年		较上年	2017 年		较上年	2018 年		较上年	2019 年		较上年	2020 年		较上年	2021 年		较上年
第一梯队																	
美国	158.14	–	美国	155.81	–1.47%	美国	155.00	–0.52%	美国	155.10	0.07%	美国	156.28	0.76%	美国	154.47	–1.16%
德国	135.34	–	德国	136.78	1.06%	德国	137.34	0.41%	德国	136.46	–0.64%	德国	135.89	–0.42%	德国	135.81	–0.06%
日本	130.47	–	日本	128.86	–1.24%	日本	128.42	–0.34%	日本	129.34	0.72%	日本	129.54	0.15%	日本	129.11	–0.33%
第二梯队																	
中国	100.00	–	中国	102.03	2.03%	中国	104.41	2.33%	中国	105.50	1.04%	中国	110.80	5.03%	中国	113.71	2.62%
韩国	110.52	–	韩国	110.87	0.32%	韩国	111.63	0.68%	韩国	111.63	0.00%	韩国	112.73	0.99%	韩国	113.46	0.65%
英国	109.78	–	英国	110.51	0.67%	英国	108.65	–1.69%	英国	108.83	0.17%	英国	109.59	0.69%	英国	108.93	–0.60%
法国	108.51	–	法国	107.60	–0.84%	法国	108.47	0.81%	法国	108.34	–0.12%	法国	109.81	1.35%	法国	108.86	–0.87%
第三梯队																	
俄罗斯	61.28	–	俄罗斯	62.32	1.71%	俄罗斯	63.07	1.19%	俄罗斯	62.78	–0.45%	俄罗斯	63.60	1.30%	俄罗斯	64.28	1.07%
巴西	65.05	–	巴西	66.77	2.64%	巴西	65.76	–1.51%	巴西	66.54	1.19%	巴西	65.29	–1.88%	巴西	64.79	–0.77%
南非	53.29	–	南非	54.27	1.85%	南非	53.82	–0.82%	南非	54.02	0.37%	南非	54.46	0.81%	南非	54.47	0.03%
印度	44.75	–	印度	49.60	10.84%	印度	49.77	0.34%	印度	53.15	6.78%	印度	53.32	0.32%	印度	53.70	0.73%

资料来源：服务型制造研究院整理。

（四）2016—2021 年中国服务型制造发展分析

1. 我国服务型制造发展趋势分析

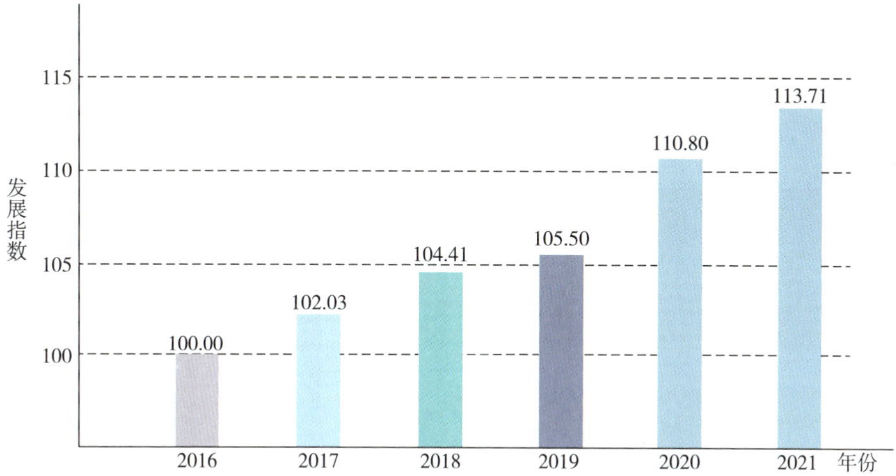

图 16　2016—2021 年中国服务型制造发展指数变动趋势

资料来源：服务型制造研究院绘制。

2016—2021 年，中国服务型制造发展指数由 100.00 增长到 113.71，累计增加 13.71，年均增幅为 2.74%（见图 16），我国服务型制造转型保持良好发展趋势，客观印证了我国在 2016 年开始大力推动服务型制造发展后已取得显著成效。

具体来看，我国服务型制造发展指数持续上升，其中 2020 年呈现明显加速态势。2020 年该指数提升了 5.3，增幅是 2016—2019 年平均增幅（1.8）的近 3 倍。进一步分析发现，2020 年我国“服务业开放程度”“制造企业知名服务品牌数”“信息通信技术使用指数”“人均制造业增加值”等指标大幅上涨，成为 2020 年指数大幅增长的重要推动力。

2. 我国服务型制造发展的指标贡献率

从我国服务型制造发展指数中 3 项一级指标占比来看（见图 17），2016—2021 年，制造基础对发展指数的贡献由 42.31% 下降为 39.32%，生态建设则从 24.31% 提升到 26.30%，占比提高 1.99 个百分点，是 3 项指标中贡献率提升最大的一级指标；发展成效则从 2016 年的 33.38% 提高了 1 个百分点至 34.38%。

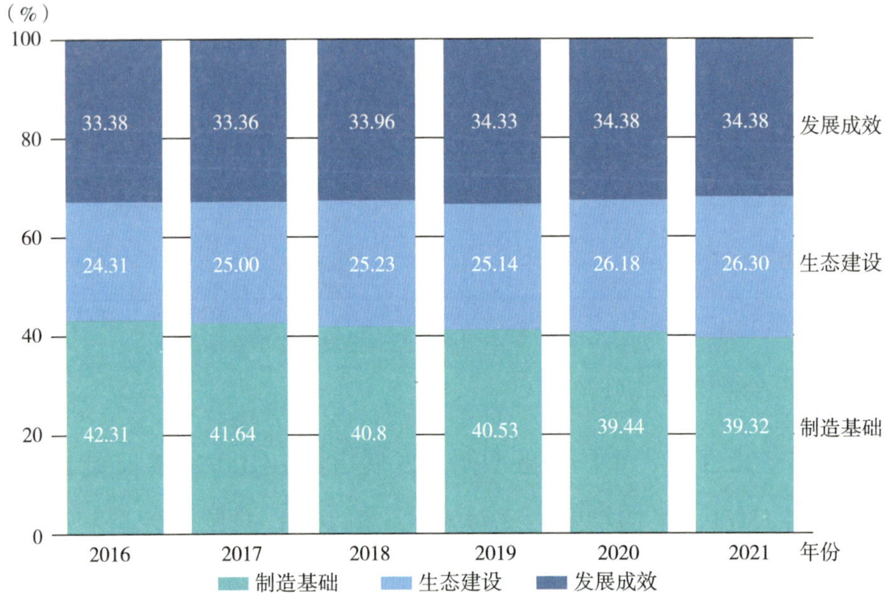

图 17　2016—2021 年中国服务型制造发展指数中一级指标占比

资料来源：服务型制造研究院绘制。

五年间，我国服务型制造发展的过程中，制造基础、生态建设及发展成效均取得了一定的发展成果，形成了良好的发展态势。其中，制造基础是我国服务型制造发展的雄厚根基，生态建设、发展成效是我国服务型制造发展指数大幅上升的主要驱动力。

进一步分析，二级指标“服务业开放程度”“信息通信技术使用指数”等指标值在五年间分别增长 143%、76%，是生态建设中贡献最大的指标。我国服务业加快对外开放步伐，推动服务业高水平发展，促进服务赋能制造业转型发展。同时，2018 年我国提出“新型基础设施建设”，数字生态不断完善，产业数字化转型持续推进，助力制造业探索多元服务模式。发展成效中的“服务出口额”“500 强企业的服务营收占比”指标增幅最大，其中“一国服务出口额”近五年的平均增长率为 14.21%，明显高于同期产品出口额的年均增速（10.35%），我国服务业持续高速增长，彰显服务业高水平发展；“一国制造企业服务营收占 500 强总营收比重（世界制造业 500 强）”由 9% 提升到 15%。

3. 我国与第一梯队国家的主要差距

目前，我国服务型制造发展已处于第二梯队首位，排名队列与我国制造基础的相对实力基本匹配，但我国服务型制造发展水平与美国、德国、日本等第一梯队的制造强国相比，还有较大差距。因此，本篇通过比较我国与美国、德国、日本三国的具体差距，寻找我国服务型制造未来发展的着力点（见表 4）。

我国服务型制造发展指数与美国差距由 58.14 缩小至 40.76，与德国差距由 35.34 缩小至 22.10，与日本差距由 30.47 缩小至 15.40，五年来我国与美国、德国及日本等的差距逐渐缩小。

表 4　2016—2021 年中、美、日、德服务型制造发展指数

国家＼年份	2016	2017	2018	2019	2020	2021
美国	158.14	155.81	155.00	155.10	156.28	154.47
德国	135.34	136.77	137.34	136.46	135.89	135.81
日本	130.47	128.86	128.42	129.34	129.54	129.11
中国	100.00	102.03	104.41	105.50	110.80	113.71

资料来源：服务型制造研究院整理。

从 2021 年一级指标值比较结果看，我国制造基础已经与第一梯队国家相当，但生态建设与发展成效指标差距仍较为明显（见图 18）。

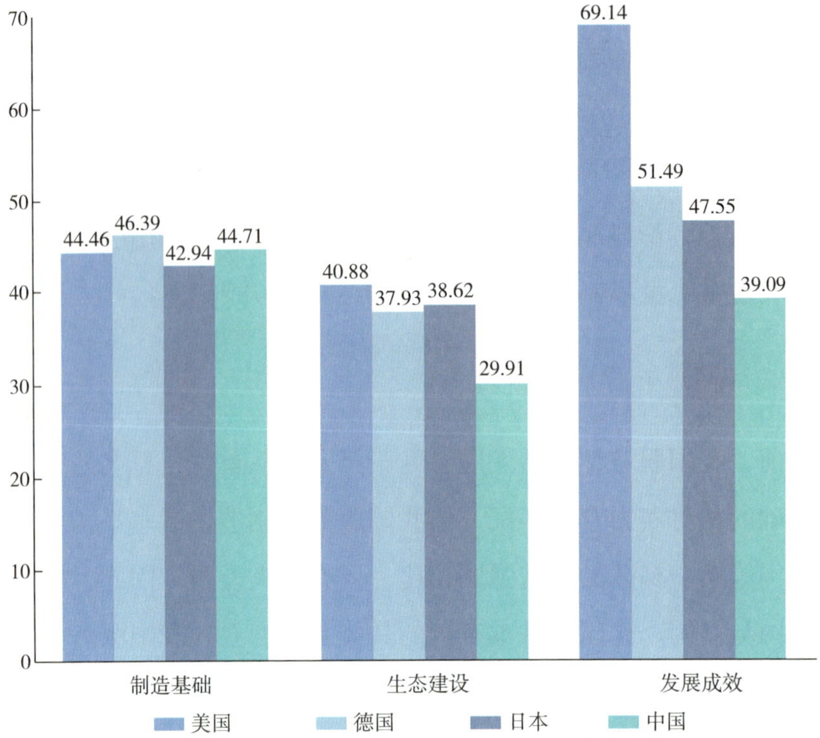

图 18　2021 年我国与第一梯队国家的一级指标比较

资料来源：服务型制造研究院绘制。

（1）生态建设

生态建设中除“营商环境”外，其他 4 项指标均与第一梯队有较大差距。值得一提的是，“服务业开放程度”指标值不及第一梯队的一半；“研发支出占 GDP 比重”第一梯队均在 3% 以上，我国为 2.4%；我国“服务业从业人员占比”低于 50%，而美、德、日等发达国家该指标数据值均维持在 70%~90%；我国“信息通信技术使用指数”具体数据为 67.7，尽管五年来增幅明显，增长率达 66%，进步显著，但仍远低于美国（82）、德国（82）和日本（83），存在较大的上升空间。

（2）发展成效

发展成效中差距较为明显的二级指标为“一国制造企业知名服务品牌数（世界制造业500强）”“一国制造企业服务营收占500强总营收比重（世界制造业500强）”“制造业服务产出程度”“一国服务出口额”等指标，在企业、产业及国家各维度均有弱项指标。我国大型制造企业开展服务型制造比重较低，在制造业世界500强中，知名服务品牌数占比不足10%（见表5），服务营收占500强总营收比重仅为15%，而美国、德国、日本等国家，服务营收占比均在30%以上，知名服务品牌企业数占比20%以上。我国2021年服务出口额为0.39万亿美元，尽管相较于2016年，该指标值的增速高达84%，但与我国产品出口额及发达国家相比，仍存在很大上升空间。

表5　2021年中、美、日、德四国500强制造企业对比

国家	世界500强入围企业数	知名服务品牌数	知名服务品牌占比
美国	133	34	25.56 %
日本	85	18	21.18 %
德国	26	17	65.38 %
中国	76	7	9.21 %

资料来源：2017全球制造500强排行榜，服务型制造研究院整理。

（3）制造基础

我国在制造基础方面凭借完整的工业体系、不断完善的产业链，排名不断攀升，超越美国及日本，紧随工业强国德国，位列世界第二，然而我国制造业规模的绝对优势掩盖了质量、效率等高维度指标差距。2021年，我国人均制造业增加值2844美元，但相对于德国（7928美元）、日本（7853美元）、美国（6820美元），不及第一梯队国家的一半。此外，发达国家“高技术产业增加值占制造业增加值的比重”较高，数值保持在55%~75%，而我国“高技术产业增加值占制造业增加值的比重”仅为41%。

4. 小结

自2016年，工业和信息化部、国家发展改革委、中国工程院联合印发《发展服务型制造专项行动指南》以来，我国克服中美贸易摩擦、新冠疫情等诸多挑战，服务型制造转型稳步推进，已位居第二梯队首位，与第一梯队的差距不断缩小。特别是在2020年，工业和信息化部等15部门联合印发《关于进一步促进服务型制造发展的指导意见》，我国服务型制造发展加速推进。综观五年间服务型制造发展3个一级指标变化，制造基础是强大根基，生态建设、发展成效是推动我国服务型制造发展的主要驱动因素，且贡献率不断加大。同时，我们也要看到，我国与美国、日本、德国等制造业最强国家阵列之间还存在一定差距。